PETITS CLASSIQUES

LAROUSSE

Collection fondée par Fé...

Fables

Livres I à VI

LA FONTAINE

Édition présentée,
annotée et commentée
par
Guillaume PEUREUX
Agrégé de lettres modernes
Docteur ès lettres

Avant d'aborder le texte

Fiche d'identité de l'œuvre 8
Biographie 10
Contextes 16
Tableau chronologique 24
Genèse de l'œuvre 32

Fables

À Monseigneur le Dauphin 42

LA FONTAINE

Préface 45
Épître au Dauphin 52
Livre I
1. La Cigale et la Fourmi 53
2. Le Corbeau et le Renard 55
3. La Grenouille qui se veut faire
   aussi grosse que le Bœuf 57
4. Les deux mulets 57
5. Le Loup et le Chien 58
6. La Génisse, la Chèvre et la Brebis,
   en société avec le Lion 61
7. La Besace 61
8. L'Hirondelle et les Petits Oiseaux 63
9. Le Rat de ville et le Rat des champs 66
10. Le Loup et l'Agneau 68
11. L'Homme et son Image 69
12. Le Dragon à plusieurs têtes et le
    Dragon à plusieurs queues 71
13. Les Voleurs et l'Âne 72
14. Simonide préservé par les Dieux 73
15. La Mort et le Malheureux 76
16. La Mort et le Bûcheron 77
17. L'Homme entre deux âges et ses deux Maîtresses 80
18. Le Renard et la Cigogne 81
19. L'Enfant et le Maître d'école 82
20. Le Coq et la Perle 83

SOMMAIRE

21. Les Frelons et les Mouches à miel.................... *84*
22. Le Chêne et le Roseau *85*

Livre II
1. Contre ceux qui ont le goût difficile *89*
2. Conseil tenu par les Rats *91*
3. Le Loup plaidant contre le Renard
   par-devant le Singe................................ *93*
4. Les deux Taureaux et une Grenouille *95*
5. La Chauve-souris et les deux Belettes *96*
6. L'Oiseau blessé d'une flèche...................... *97*
7. La Lice et sa Compagne........................... *98*
8. L'Aigle et l'Escarbot............................. *99*
9. Le Lion et le Moucheron *101*
10. L'Âne chargé d'éponges, et l'Âne chargé de sel *103*
11. Le Lion et le Rat................................. *106*
12. La Colombe et la Fourmi......................... *106*
13. L'Astrologue qui se laisse tomber dans un puits *108*
14. Le Lièvre et les Grenouilles...................... *110*
15. Le Coq et le Renard.............................. *112*
16. Le Corbeau voulant imiter l'Aigle................ *113*
17. Le Paon se plaignant à Junon.................... *114*
18. La Chatte métamorphosée en Femme............ *115*
19. Le Lion et l'Âne chassant........................ *118*
20. Testament expliqué par Ésope *119*

Livre III
1. Le Meunier, son Fils et l'Âne .... ┬.. *125*
2. Les Membres et l'Estomac *128*
3. Le Loup devenu Berger *130*
4. Les Grenouilles qui demandent un Roi........... *132*
5. Le Renard et le Bouc *133*
6. L'Aigle, la Laie et la Chatte..................... *136*
7. L'Ivrogne et sa Femme *138*
8. La Goutte et l'Araignée.......................... *139*
9. Le Loup et la Cigogne *141*
10. Le Lion abattu par l'Homme *141*
11. Le Renard et les Raisins......................... *143*
12. Le Cygne et le Cuisinier......................... *143*
13. Les Loups et les Brebis.......................... *144*
14. Le Lion devenu vieux *145*
15. Philomèle et Progné *146*
16. La Femme noyée................................ *147*
17. La Belette entrée dans un grenier *148*
18. Le Chat et un vieux Rat......................... *149*

SOMMAIRE

Livre IV

1. Le Lion amoureux 153
2. Le Berger et la Mer 155
3. La Mouche et la Fourmi 156
4. Le Jardinier et son Seigneur 158
5. L'Âne et le petit Chien 162
6. Le combat des Rats et des Belettes 163
7. Le Singe et le Dauphin 165
8. L'Homme et l'Idole des bois 166
9. Le Geai paré des plumes du Paon 167
10. Le Chameau et les Bâtons flottants 168
11. La Grenouille et le Rat 169
12. Tribut envoyé par les Animaux à Alexandre .. 171
13. Le Cheval s'étant voulu venger du Cerf 173
14. Le Renard et le Buste 174
15. Le Loup, la Chèvre et le Chevreau 175
16. Le Loup la Mère et l'enfant 176
17. Parole de Socrate 177
18. Le Vieillard et ses Enfants 178
19. L'Oracle et l'Impie 180
20. L'Avare qui a perdu son Trésor 180
21. L'œil du Maître 183
22. L'Alouette et ses Petits avec le
    Maître d'un champ 184

Livre V

1. Le Bûcheron et Mercure 191
2. Le Pot de terre et le Pot de fer 193
3. Le petit Poisson et le pêcheur 195
4. Les Oreilles du Lièvre 196
5. Le Renard ayant la queue coupée 197
6. La Vieille et les deux Servantes 198
7. Le Satyre et le Passant 199
8. Le Cheval et le Loup 200
9. Le Laboureur et ses Enfants 202
10. La Montagne qui accouche 203
11. La Fortune et le jeune Enfant 204
12. Les Médecins 205
13. La Poule aux œufs d'or 206
14. L'Âne portant des reliques 206
15. Le Cerf et la Vigne 207
16. Le Serpent et la Lime 207
17. Le Lièvre et la Perdrix 208
18. L'Aigle et le Hibou 209
19. Le Lion s'en allant en guerre 212

20. L'Ours et les deux Compagnons *214*
21. L'Âne vêtu de la peau du Lion *216*

Livre VI

1. Le Pâtre et le Lion *221*
2. Le Lion et le Chasseur *223*
3. Phébus et Borée *223*
4. Jupiter et le Métayer *225*
5. Le Cochet, le Chat et le Souriceau *226*
6. Le Renard, le Singe, et les Animaux *229*
7. Le Mulet se vantant de sa généalogie *230*
8. Le Vieillard et l'Âne *231*
9. Le Cerf se voyant dans l'eau *232*
10. Le Lièvre et la Tortue *233*
11. L'Âne et ses Maîtres *235*
12. Le Soleil et les Grenouilles *237*
13. Le Villageois et le Serpent *238*
14. Le Lion malade et le Renard *239*
15. L'Oiseleur, l'Autour et l'Alouette *240*
16. Le Cheval et l'Âne *241*
17. Le Chien qui lâche sa proie pour l'Ombre *242*
18. Le Charretier embourbé *243*
19. Le Charlatan *245*
20. La Discorde *248*
21. La Jeune Veuve *249*

Épilogue *254*

Comment lire l'œuvre

Études d'ensemble *258*
  Une heureuse diversité : le « juste tempérament » *258*
  La gaieté des fables *261*
  Un art de vivre en société :
  une éthique du juste milieu *265*
Destin de l'œuvre *270*
Outils de lecture *276*
  La dimension pédagogique des *Fables* *276*
  Petit lexique des *Fables* *280*
  Compléments notionnels *282*
Bibliographie, discographie, sites Internet *286*

Avant d'aborder le texte

Fables

Genre : poésie morale.

Auteur : Jean de La Fontaine.

Structure : recueil composé de douze livres (six dans la présente édition) qui contiennent entre 17 et 29 fables.

Sujets : Petits récits autonomes comportant deux, trois personnages, ou davantage : des animaux parlants, des dieux ou des humains ; ces histoires s'accompagnent le plus souvent d'une morale qui en explicite la signification.

Publication : éditées à partir de 1668 (livres I à VI), les *Fables* ne seront achevées qu'en 1693 avec la publication du livre XII ; les livres VII et VIII parurent en 1678, et les livres IX à XI l'année suivante.

« La Cigale et la Fourmi », par D. Sornique,
d'après J.-B. Oudry. Paris, Bibliothèque nationale.

LA FONTAINE

(1621-1695)

1621-1647 : jeunesse et formations

1621

Naissance de Jean de La Fontaine, fils de Charles de La Fontaine, bourgeois champenois « maître des Eaux et Forêts », et de Françoise Pidoux, son épouse.

1623

Naissance de son frère Claude. Leur mère meurt entre 1631 et 1636.

1635

Départ pour un collège parisien afin de terminer ses études ; il y rencontre Antoine Furetière.

1641

Il est envoyé à l'Oratoire puis au séminaire de Saint-Magloire où il est supposé se consacrer à la théologie, comme son frère. Mais il quitte l'institution un an après son arrivée.

1645-1647

Il étudie le droit et obtient le titre d'avocat ; les titres s'achetaient alors à faible prix, il est donc douteux que La Fontaine ait vraiment étudié sérieusement le droit. Durant la même période il mène une vie de bohème, côtoie de nombreux hommes de lettres et lit beaucoup.

Il assiste aux réunions des « Palatins de la Table ronde » où il retrouve des hommes de lettres comme Furetière, Perrot d'Ablancourt ou Tallemant des Réaux.

1647

Il épouse Marie Héricart (née en 1633) pour satisfaire les exigences de son père. Quoique ce mariage lui apporte un grand confort matériel, La Fontaine ne se consacre guère à sa femme et lui préfère la vie active.

1652-1673 : une vie professionnelle désordonnée, l'appel des muses

1652

Il achète une charge de « maître particulier triennal des Eaux et Forêts de la duché de Château-Thierry et prévôté de Châtillon-sur-Marne » : il y tient une fonction judiciaire (il présidait le tribunal des Eaux et Forêts) et une fonction technique (il inspectait les forêts) ; il partage sa vie entre Paris et Château-Thierry.

1653

Naissance de Charles de La Fontaine, son fils.

1654

Échec de son adaptation de l'*Eunuque* de Térence.

1658

Mort de son père qui lui transmet ses charges mais lui laisse aussi de lourdes dettes. Il entre dans le cercle du surintendant Fouquet et offre à ce dernier son *Adonis*, sous la forme d'un luxueux manuscrit.

1659

La Fontaine et Marie Héricart sont séparés de biens, ce qui ajoute aux difficultés financières du poète. Ce dernier s'engage à livrer régulièrement des madrigaux, des sonnets et d'autres vers à Fouquet. Celui-ci le charge d'écrire un grand poème à la gloire de son château de Vaux-le-Vicomte : ce sera *Le Songe de Vaux*.

1661

Arrestation du surintendant (sorte de ministre des Finances) Fouquet à cause de la jalousie du roi, quelques jours après l'inauguration du château de Vaux-le-Vicomte. La Fontaine perd son protecteur et sa pension.

1662

Malade, il est ensuite attaqué pour usurpation de titres de noblesse (il s'est attribué le titre d'écuyer) et doit payer une lourde amende.

1663

Il accompagne l'oncle de sa femme en exil à Limoges. Premières fables, satiriques (en 1663 ou 1665), il ne les éditera pas. Il met aussi anonymement sa plume au service de la défense de Fouquet en demandant au roi d'être clément.

1664

Intendant de la duchesse d'Orléans, il mène dès lors une vie confortable.

1665-1666

Participe à la traduction de *La Cité de Dieu* de saint Augustin. Édition des deux premiers volumes des *Contes et Nouvelles en vers*.

1668

Fables, livres I à VI.

1669

Les *Amours de Psyché et de Cupidon*, *Adonis* et la seconde partie des *Contes et Nouvelles* sont édités.

1671

La Fontaine abandonne ses charges à l'issue de leur bail, et se retrouve de nouveau dans une situation financière difficile. Il se sépare de sa femme. *Recueil de poésies chrétiennes et diverses* et 3ᵉ partie des *Contes et Nouvelles*.

1672

Mort de la duchesse d'Orléans.

1673-1695 : sécurité et succès

1673

Devenu l'hôte de Mᵐᵉ de La Sablière, il côtoie des esprits libres et des scientifiques, et vit sans souci matériel jusqu'à la mort de sa bienfaitrice. Il édite le *Poème de la captivité de saint Malc*.

1674

Nouveaux Contes.

1676

Il vend sa maison natale, ainsi que son banc à l'église, et se débarrasse ainsi de ses dernières dettes.

1678

Édition des livres VII et VIII des *Fables*.

1679

Édition des livres IX à XI des *Fables* ; premier *Discours à Madame de La Sablière*.

1683

Élu à l'Académie française, il prend le fauteuil de Colbert.

1687

Épître à Huet.

Madame de La Sablière.
Portrait anonyme. Collection privée.

1692-1694

Il tombe malade ; alors qu'il est affaibli, on le pousse à renier ses *Contes* et à s'abandonner à Dieu : il fait acte de piété et désavoue ses « contes infâmes » par un texte qu'il fait lire devant l'Académie. Il promet aussi de vivre désormais dans la religion. Retour effectif à une pratique religieuse.

Mort de Mme de La Sablière. Le financier d'Hervart l'invite à demeurer chez lui. Édition du livre XII des *Fables*.

1695

Il meurt le 13 avril chez d'Hervart, deux mois après avoir eu un malaise. On trouve sur lui un cilice (chemise de crin portée par mortification) qui témoigne de sa piété.

Le cadre historique, politique et idéologique
Louis XIV protecteur des arts

Les *Fables* sont éditées durant la première partie du règne de Louis XIV. Même si le peuple demeure pauvre, la France connaît alors un grand essor sur le plan économique, militaire et culturel qui profite à l'aristocratie et à la noblesse. Le jeune roi, dès la mort de Mazarin en 1661, s'appuie sur Colbert pour exercer un pouvoir solitaire dont Anne d'Autriche, sa mère, et les nobles sont écartés. Ces derniers se voient attribuer des tâches militaires ou bien sont chargés de rendre hommage à sa grandeur. Profondément marqué par la Fronde qui avait vu le pouvoir royal remis en cause par la noblesse, Louis XIV aspire à tout contrôler en ce qui concerne l'État. C'est ainsi qu'il demande en 1662 à Colbert de lui attacher les services de dramaturges comme Molière, Pierre et Thomas Corneille, Racine et Quinault. Ceux-ci sont pensionnés et assurent leur réputation en même temps que le roi peut observer de près les parutions de son temps. Il récompense aussi Lully, le compositeur, demande aux meilleurs architectes (Mansart et Le Brun pour le château, Le Nôtre pour les jardins) de se charger des plans de son nouveau palais de Versailles. De plus, le roi met en place un système d'académies (Académie de musique, Académie de peinture) qui ont pour tâche de régler les productions artistiques. Ainsi, dans le cadre d'une mainmise sur tout le royaume, Louis XIV se présente comme le protecteur des arts.

La Fontaine et le roi

Pourtant, La Fontaine n'obtiendra jamais la protection du roi, même s'il espérait sans doute se mettre un jour à son service, puisqu'il fut d'abord attaché à son surintendant. Mais, faisant partie du cercle de Fouquet, ennemi de Colbert, il sera toujours mal aimé du roi. On peut d'ailleurs imaginer que les vers qu'il composa pour la défense de Fouquet déplurent à Louis XIV et contribuèrent à la disgrâce dans laquelle il est demeuré. Le roi, par exemple, retardera son entrée à l'Académie française. Et lorsque La Fontaine pensera avoir enfin mis un pied à la Cour en proposant un livret d'opéra (le genre à la mode) à Lully, ce dernier le refusera, le privant ainsi de cet accès à la Cour.

Le cadre culturel

Le public mondain : goût de la variété et refus du sérieux

Le public auquel s'adresse La Fontaine n'est ni vaste ni diversifié. Ce public de salons mondains émerge autour des années 1650 et se constitue d'aristocrates, hommes et femmes, d'hommes de loi, d'« intellectuels ». D'ailleurs, rares sont ceux qui peuvent s'acheter des livres (en outre, les *Fables* étaient illustrées, ce qui augmentait leur prix de vente). Il lui faut plaire à ce public qui règne quelque peu sur l'édition des textes. Ces derniers circulaient en effet d'abord sous forme de manuscrits avant d'être édités et proposés alors au public mondain ainsi qu'à un public plus large (des commerçants et des artisans achetaient aussi parfois des livres). Les salons placent les belles-lettres au cœur des conversations ; les textes passent ainsi entre les mains d'un public choisi, délicat et au jugement assez sûr pour pouvoir décider de ce qui est digne d'être édité... et de ce qui ne l'est pas. Ces mondains n'interdisaient rien, mais les auteurs se sentaient autorisés ou non à éditer leurs œuvres en fonction de la réception qu'ils faisaient à celles-ci.

La Fontaine se devait donc d'adapter sa poésie afin de satisfaire un public qui haïssait toute forme de pédantisme, qui privilégiait le naturel et la négligence, et qui vénérait les conversations agréables où régnaient la civilité et le badinage entre gens de bonne compagnie. Ce sont autant d'éléments qui, dans le contexte des *Fables*, en expliquent aussi bien l'opportunité que le succès.

Dans les salons, le plaisir naît souvent de la diversité. Le rondeau, le sonnet, le triolet, les épigrammes et les madrigaux constituent, avec l'ode, les stances et l'épître, le répertoire des formes poétiques qui s'écrivent et s'y offrent. Nulle forme n'est privilégiée et l'on aime au contraire la variété d'inspiration. C'est ainsi qu'aux grands genres comme l'épopée, on préfère des genres brefs et propres à déployer un ton enjoué ou facétieux. La conversation dans les salons est une sorte de joute oratoire où les mots d'esprit et la fine raillerie permettent d'admirer les esprits les plus ingénieux. La poésie représente alors un double de la conversation : on y rencontre en effet les mêmes marques de l'ingéniosité de l'auteur, une même fine raillerie, d'habiles compositions, des figures inattendues, etc. Le ton enjoué des *Fables*, tout comme la variété de styles, de formes et d'inspirations qui les caractérise (variété dans le choix des mètres, dimension morale, mélange d'animaux, de dieux et d'humains, gaieté, burlesque tempéré, etc.), ne pouvaient que plaire à ce public mondain qui appréciait particulièrement ces formes littéraires dérivées de la conversation. Pellisson, éditeur des *Œuvres de Jean-François Sarasin*, avait défendu la gaieté comme un usage à la fois littéraire et social qui rendait compte autant de l'idéal mondain que de la littérature.

Physiognomonie et fantaisies animalières

En outre, resurgit au XVIIᵉ siècle une tradition ancienne (remontant à Aristote) qui compare la société des humains avec le monde des animaux. On traduit ainsi, en 1660, la *Physiognomonie* de Della Porta, auteur italien qui enseignait, à la fin du XVIᵉ siècle, comment déduire le caractère des individus en fonction de leur physionomie. De même, La Rochefoucauld écrit dans ses *Réflexions diverses* (chap. IX) qu'il y a « autant de diverses espèces d'hommes qu'il y a de diverses espèces d'animaux, et les hommes sont, à l'égard des autres hommes, ce que les différentes espèces d'animaux sont entre elles et à l'égard les unes des autres. Combien y a-t-il d'hommes qui vivent du sang et de la vie des innocents, les uns comme des tigres, toujours farouches et toujours cruels, d'autres comme des lions, en gardant quelque apparence de générosité, d'autres comme des ours grossiers et avides, d'autres comme des loups, ravissants et impitoyables, d'autres comme des renards, qui vivent d'industrie, et dont le métier est de tromper ! »

Cette foi en la correspondance entre l'univers animal et celui des hommes ne pouvait bien sûr que favoriser la réception des *Fables* ; elle était en outre facilitée par l'existence de *bestiaires*, des ouvrages qui recueillaient des représentations d'animaux accompagnées de commentaires d'inspiration morale : on y retrouve sans mal les animaux familiers de La Fontaine, domestiques ou sauvages, et quelquefois exotiques. Enfin, les promeneurs qui arpentaient le parc de Versailles pouvaient s'amuser à errer dans le labyrinthe. Celui-ci était en tout lieu orné de fontaines enrichies de 39 statues de plomb représentant certaines fables animalières d'Ésope. L'univers animalier était donc extrêmement familier au public de La Fontaine.

Le cadre était donc idéal pour le succès des *Fables* : par la coexistence plaisante des animaux, des hommes et des dieux, par la succession du récit et de la morale, ce genre impliquait la variété et la négligence chères au public mondain qui, de plus, était familier du parallèle entre les univers animaliers et humains. En renouant avec la tradition ancienne des fables, à l'opposé des genres modernes et peu prestigieux du conte et du roman qu'il avait déjà pratiqués, La Fontaine fondait sa poésie sur ce que l'on reconnaît unanimement à la fable : son aptitude à décrire l'humanité sous une forme plaisante, générale et allégorique.

L'acheminement vers les *Fables*

La Fontaine n'a cependant pas écrit que des fables. Il s'est essayé à diverses formes d'écriture (contes, roman, et même du théâtre, avec sa traduction de *L'Eunuque* de Térence) avant de découvrir qu'il était un véritable fabuliste. Il faut dire que sa culture littéraire l'a d'abord porté vers les œuvres de Malherbe et de Mainard (poètes qui ne laissent guère de place à l'allégorie ou à la gaieté), et qu'elle le mènera jusqu'à la confection du *Recueil de poésies chrétiennes et diverses* (1671).

Les *Contes* et *Adonis*

La Fontaine semble rebuté par les grands genres comme l'épopée ou la tragédie : son poème héroïque *Adonis* (1657 ; imprimé en 1669) n'est pas un récit de batailles, mais celui des amours malheureuses de Vénus et d'Adonis. La Fontaine l'avait composé à la demande de Fouquet et n'en avait fait confectionner initialement qu'un seul exemplaire, luxueusement présenté. Il voulait, dit-il dans les premiers vers du poème, chanter seulement « l'ombrage des bois » et non pas « les combats des dieux », qui sont des « sujets trop hauts ». Il esquivait ainsi l'écriture épique et le style élevé de ce type de récit, et leur préférait la notion d'*idylle héroïque*. Cette étrange catégorie est empruntée à Saint Amant (1594-1661) qui désignait ainsi son *Moïse sauvé*, long poème dans lequel se mêlaient matière mythologique (d'où le terme *héroïque*) et inspiration pastorale. L'auteur des *Fables* expérimente donc déjà dans ce récit la rencontre, ou plutôt la fusion de modèles d'inspiration qui ne sont pas destinés en principe à être réunis dans un même poème : l'existence des dieux dans le contexte pastoral d'une idylle amoureuse. Le fait que Fouquet commanda ensuite à La Fontaine un poème à la louange de son château de Vaux-le-Vicomte indique sans doute qu'*Adonis* fut un succès.

Les deux premiers volumes de *Contes* de La Fontaine connurent eux aussi un immense succès, ce qui aurait pu l'inciter à prolonger cette expérience et à ne jamais écrire de fables. On pourrait croire aussi, en raison de leur proximité apparente, que le poète a simplement à peine adapté l'écriture du conte à celle de la fable. Ce serait négliger ce qui fait la spécificité des *Fables* et oublier qu'à cause de la veine quelquefois légère et même grivoise des *Contes*, La Fontaine risquait à terme d'être considéré comme un poète gaillard, capable seulement d'écrire des vers grivois ou légèrement sentencieux. Ainsi, les *Contes* servent en quelque sorte d'intermédiaire ou d'interlude préparatoire entre, d'une part, les fables ésopiques, brèves et quelque peu austères (que La Fontaine a composées quand il était écolier), en raison du souci d'utilité qui les anime, et, d'autre part, l'écriture gaie, ornée et narrative des *Fables*. À la différence du conte, la fable sera morale. Le conte est en effet un récit bref dans lequel se succèdent parfois de nombreux épisodes que rien ne relie à une quelconque moralité, et qui sont donc ornementaux. Dans la fable, l'ornementation a pour fonction de faciliter l'édification discrète d'une morale. En fait, La Fontaine expérimente dans les *Contes et Nouvelles* la gaieté qui fera la caractéristique principale de ses *Fables*. « Il faut », écrit-il dans la préface du premier recueil des *Fables*, « égayer les narrations ».

Les fables manuscrites des années 1663-1665 : un coup d'essai

La Fontaine s'était essayé à la fable dans les années 1663-1665 à l'occasion de la campagne de défense de Fouquet. Il composa ainsi une dizaine de fables qui ne furent pas éditées alors mais circulèrent sous forme manuscrite, afin sans doute d'éviter une éventuelle censure ou des représailles judiciaires. Elles furent soit modifiées par la suite, soit écartées de l'édition. Elles traitent notamment de la victoire de la force sur le droit, du bien mal récompensé et de l'injustice en général, autant de thèmes qui font évidemment écho au malheur qui frappe le surintendant, et dont l'application au contexte, trop restreinte aux yeux du poète, devait s'élargir dans le premier recueil des *Fables*. Elles permettent cependant d'éclairer le projet du poète : la fable n'est pas un simple conte dont on aurait modifié le titre : elle porte une morale, un message caché sous le voile de l'allégorie animalière.

Les douze livres de fables

Après les six premiers livres, La Fontaine édite six autres livres de *Fables* à partir de 1678. S'il élargit l'éventail de ses sources, en puisant notamment dans la tradition fabuliste orientale, avec Pilpay le « sage Indien », le poète, pour nuancer ce que l'on a coutume d'écrire, a moins rompu avec le premier recueil qu'il ne l'a complété, prolongé et approfondi avec les cinq suivants, le tout dernier livre renouant avec la nature des premiers livres. La Fontaine y abandonne son intention pédagogique ainsi que la morale ésopique, et déploie plus largement sa propre conception d'une sagesse fondée sur le plaisir de la rêverie et de l'imagination.

VIE	ŒUVRES
1621 Naissance de Jean de La Fontaine.	
1635 Départ pour Paris afin de terminer ses études.	
1641 Il entame des études religieuses.	
1645-1647 Il étudie le droit et mène une vie libre, côtoie de nombreux hommes de lettres et lit énormément.	
1652 Il achète une charge de « maître particulier triennal des Eaux et Forêts de la duché de Château-Thierry et prévôté de Châtillon-sur-Marne ». **1653** Naissance de Charles de La Fontaine.	
	1654 Adaptation de *L'Eunuque* de Térence (IIe s. av. J.-C.) ; c'est un échec.

ÉVÉNEMENTS CULTURELS ET ARTISTIQUES	ÉVÉNEMENTS HISTORIQUES ET POLITIQUES
	1624 Richelieu, ministre de Louis XIII.
1635 Fondation de l'Académie française.	**1635** Fondation de l'Académie française. **1638** Naissance de Louis XIV.
	1643 Début du règne de Louis XIV : régence d'Anne d'Autriche assistée de Mazarin.
1647 Le premier opéra, l'*Orfeo* de Rossi, est joué à Paris ; Sacy présente *Les Fables de Phèdre*. **1648** Création de l'Académie de peinture.	**1648-1652** La Fronde.
	1653 Capitulation de Bordeaux, dernière ville frondeuse.
1656 Pellisson édite les *Œuvres de Jean-François Sarasin*, manifeste de la génération mondaine ; Pascal engage l'édition de ses *Lettres provinciales*.	

VIE	ŒUVRES
	1658 *Adonis* sous forme de manuscrit.
1659 Séparation d'avec sa femme ; pension accordée par Fouquet jusqu'à son arrestation en 1661.	**1659** Commande du *Songe de Vaux* (inachevé).
1663 Voyage à Limoges. **1664** Intendant de la duchesse d'Orléans.	**1663 ou 1665** Composition de dix fables satiriques ; non éditées mais sous forme de manuscrit.
	1665 *Nouvelles en vers tirées de Boccace et de l'Arioste.* **1666** *Contes et Nouvelles en vers,* 2ᵉ partie.

ÉVÉNEMENTS CULTURELS ET ARTISTIQUES	ÉVÉNEMENTS HISTORIQUES ET POLITIQUES
1657 Cyrano de Bergerac, *L'Autre Monde ou les États et Empires de la Lune*.	
	1659 Traité des Pyrénées : paix avec l'Espagne.
1660 Boileau, première de ses *Satires*.	**1660** Mariage de Louis XIV avec Marie-Thérèse. **1661** Mort du Cardinal Mazarin en mars. Louis XIV prend le pouvoir et arrestation du surintendant Fouquet (le 5 septembre) en raison de la jalousie et de la peur du jeune roi, aidé de Colbert.
1662 Mort de Pascal.	**1662** Le Nôtre dessine le plan du parc de Versailles.
1664 (mai) Réjouissances royales à Versailles autour de l'œuvre de l'Arioste, *Roland furieux*. Lully accompagne la fête de sa musique ; madrigaux et sonnets de Bensérade ; la première version de *Tartuffe* y est jouée ; La Rochefoucauld, *Les Maximes*. **1665** Mort du peintre Nicolas Poussin.	
1666 Furetière, *Le Roman bourgeois*.	**1666** Mort d'Anne d'Autriche.
1667 Racine, *Andromaque*.	

VIE	ŒUVRES
	1668 Édition des livres I à VI des *Fables*.
	1669 *Les Amours de Psyché et de Cupidon*. Édition d'*Adonis*.
1671 Il abandonne ses charges.	**1671** *Contes et Nouvelles*, 3ᵉ partie ; compose un *Recueil de poésies chrétiennes et diverses*.
1672 Mort de la duchesse d'Orléans.	
1673 Hôte de Mᵐᵉ de La Sablière. Rencontre des esprits libres, des scientifiques.	**1673** *Poème de la captivité de saint Malc*.
	1674 *Nouveaux Contes*, édition clandestine.
1676 Il vend sa maison natale.	
	1678 Édition des livres VII à VIII des *Fables*. **1679** Édition des livres IX à XI des *Fables* ; premier *Discours à Madame de La Sablière* à la fin du livre IX. **1680-1685** *Achille*, tragédie inachevée. 1682 : le *Quinquina*.

ÉVÉNEMENTS CULTURELS ET ARTISTIQUES	ÉVÉNEMENTS HISTORIQUES ET POLITIQUES
1668 Le Brun prononce une série de conférences sur la physiognomonie à l'Académie de peinture.	
	1669 Début réel de la construction du château de Versailles autour des bâtiments construits par Louis XIII ; architecte : Le Vau puis Hardouin-Mansart.
1670 Pascal, *Les Pensées*. **1671** Furetière, *Fables morales et nouvelles*	
	1672 La Cour commence à s'installer à Versailles.
1673 Molière meurt sur scène en interprétant *Le Malade imaginaire*.	**1673** Conquête de la Hollande.
1674 Racine, *Iphigénie* ; Molière, *Le Malade imaginaire* ; Boileau, *Art poétique* et traduction de Longin, *Traité du sublime*.	**1674** Conquête de la Franche-Comté par Condé.
1677 Spinoza, *L'Éthique*.	**1677** Victoire des armées françaises en Flandre.
	1679 Dispersion des « Solitaires » de Port-Royal.

VIE	ŒUVRES
1683 Il est élu à l'Académie française.	
	1684 Second *Discours à Madame de La Sablière*, lu lors de sa réception à l'Académie française.
	1686 Sonnet et épigramme contre Furetière. **1687** *Épître à Huet*, pour défendre les Anciens contre Perrault.
1692-1694 Maladie ; actes de piété.	**1691** *Astrée*, tragédie lyrique.
	1693 Édition du XIIe livre des *Fables*.
1695 Il meurt le 13 avril.	

ÉVÉNEMENTS CULTURELS ET ARTISTIQUES	ÉVÉNEMENTS HISTORIQUES ET POLITIQUES
	1682 La Cour est installée à Versailles.
	1683 Mort de la reine.
1684 Mort de Corneille.	**1684** Le roi épouse en secret Mme de Maintenon.
	1685 Révocation de l'édit de Nantes.
1687-1694 Querelle entre les Anciens et les Modernes. **1688** La Bruyère, *Les Caractères*.	**1688** Guerre contre les Provinces-Unies.
	1694 Période de famine.
	1715 Mort de Louis XIV.

Au moment où La Fontaine s'empare du genre de la fable, celui-ci n'est plus guère à la mode. D'une part, les traditions de l'allégorie et de la mythologie ont dérivé vers des emplois exclusivement ludiques dont est exclu l'effort d'interprétation ; d'autre part, ce genre relève davantage de l'adaptation morale et le plus souvent scolaire des Anciens (Ésope, Phèdre) que d'une actualité poétique, centrée quant à elle sur la poésie légère à la mode dans les salons mondains.

La fable jusqu'au Moyen Âge

Les fables étaient déjà pratiquées dans les sociétés primitives. Leur histoire est donc aussi longue que celle des hommes. La première fable identifiée est d'Hésiode, auteur grec (VIIIᵉ siècle av. J.-C.), suivi un siècle plus tard par deux autres auteurs grecs : Archiloque et Stésichore. Mais c'est au VIᵉ siècle, avec Ésope, que le genre connaît son principal essor : il s'agit de nombreux récits brefs et peu ornés qui mettent en scène des animaux et qui sont suivis d'une moralité. Ils constituent le répertoire de base de La Fontaine.

Grâce à des recueils ésopiques qui mettent en vers ces récits jusqu'alors en prose, la postérité de l'esclave de Phrygie va se prolonger jusqu'aux débuts de l'ère chrétienne, et très au-delà. C'est ainsi que le célèbre poète latin Horace (Iᵉʳ siècle) insère de courtes fables dans ses *Satires* et dans ses *Épîtres*. Phèdre (30 av.-40 après J.-C.), enfin, d'origine grecque, compose 123 fables (dont une partie est inspirée d'Ésope).

Le Moyen Âge aussi est riche en fabulistes. Mais les motifs moraux de la fable s'intègrent dans de nouvelles perspectives : à partir du XIᵉ siècle, l'Église utilise la fable dans les sermons afin d'instruire les fidèles tout en les divertissant. Parallèlement, on fait un usage littéraire de la fable avec la rédaction de recueils manuscrits de fables de diverses origines, mais Phèdre prédomine : ce sont les isopets (« petits Ésope ») que l'on met à la disposition du public de l'époque ; au XIIᵉ siècle, Marie de France écrit une centaine de fables versifiées ; et entre les XIIᵉ et XIIIᵉ siècles, *Le Roman de Renart*, recueil de contes où le monde des animaux est copié sur celui des hommes dans une satire de la société féodale, s'inspire des récits de fables ; enfin, un siècle plus tard, un théologien de Byzance, Planude, compose un recueil de

« Les Fables d'Ésope », par Nevelet.

fables en prose dont s'inspireront tous les fabulistes du XVIᵉ et du XVIIᵉ siècle.

De la Renaissance au début du XVIIᵉ siècle

Le XVIᵉ et le début du XVIIᵉ siècle, dans toute l'Europe, abondent en œuvres littéraires inspirées du modèle des fables antiques. Le célèbre humaniste Érasme, comme Montaigne plus tard louera Ésope dans les *Essais*, défend l'aspect à la fois récréatif et moral de la fable dans son traité *De l'éducation des enfants* (1529). Ce traité précède de peu les deux livres de *Fables du très ancien Ésope phrygien* (1640), présentés et traduits par Gilles Corrozet et dont La Fontaine s'inspirera pour ses propres fables. En revanche, le poète s'appuie moins sur deux ouvrages qui datent pourtant de la même période : les *366 apologues d'Ésope* (1547) de Guillaume Haudent et le *Premier Livre des emblèmes* (1550) de Guillaume Guéroult, qui contient 27 apologues. Sans les citer tous, on peut affirmer que les recueils de fables constituent un genre littéraire important dans le siècle qui précède celui de La Fontaine.

Deux événements importants vont encore favoriser la publication et le succès de fables : la découverte et l'édition (en 1597 et en 1617) de manuscrits contenant des textes de Phèdre et qui avaient été attribués jusqu'alors à Ésope. C'est également au cours de ces années que Régnier, le poète satirique, insère une fable, « La lionne, le loup et le mulet », dans l'une de ses *Satires* (la 3ᵉ), et qu'une anthologie (plusieurs fois publiée par la suite) paraît en France. Ainsi, sans perdre sa fonction morale, la fable est un genre plaisant, propre à divertir les lecteurs encore friands d'allégorie et à les ouvrir à la sagesse des Anciens.

La Fontaine avait donc à sa disposition de nombreux ouvrages susceptibles de le conduire à écrire lui aussi des fables. La vogue des traductions lui permettait de lire en français de nombreux auteurs anciens ou italiens. Il pouvait par exemple lire près de 400 fables d'auteurs et d'origines diverses, européennes comme orientales, dans un ouvrage latin paru en 1610 : la *Mythologia Aesopica*.

Présence de la fable au XVIIe siècle

Pourtant, comme on l'a dit, même s'il reste présent dans les esprits, le genre de la fable disparaît peu à peu au cours du XVIIe siècle. La tradition pédagogique semble se l'approprier en insistant sur son usage utilitaire et moral. La fable contient une morale et se présente comme un exercice d'écriture fécond : on ajoute des épisodes, des figures, on rédige un même récit dans des styles différents, etc. Elle constitue ainsi une voie d'apprentissage idéale pour les collégiens. Phèdre et Ésope servent à l'initiation au grec et au latin. Ainsi, il est probable que les ornements apportés par La Fontaine aux récits qu'il emprunte à Phèdre ou à Ésope sont directement issus de ces exercices scolaires qu'il avait pratiqués au collège de Château-Thierry.

Cet usage scolaire se double d'éditions de fables ainsi que de louanges adressées à la fable : le père Ménestrier, dans son *Art des emblèmes* (1684), vante les mérites des fables parce qu'elles sont en mesure de dévoiler des vérités insoupçonnées en même temps qu'elles en facilitent l'apprentissage sur un mode plaisant pour les élèves. C'est aussi ce que pensait Le Maître de Sacy en 1647, lorsqu'il traduisait et éditait les fables de Phèdre : le plaisir qu'elles apportent facilitc la découverte de ce qui aide les « actions de l'esprit, et toute la conduite de la vie. » Ce mouvement avait été lancé par le traducteur Jean Baudoin avec ses *Fables d'Ésope Phrygien. Illustrées de Discours Moraux, Philosophiques, & Politiques* (1631). Ce livre lu et utilisé par La Fontaine indique par son seul titre la finalité pédagogique que l'on assignait généralement à la fable.

Cependant, l'usage littéraire des salons portait à la composition de genres brefs et plaisants parmi lesquels la fable figurait de temps à autre. On peut raisonnablement penser que La Fontaine s'est inspiré de ces quelques textes : dans une fable en vers latins, Ménage raconte l'histoire suivante : « L'alouette, ses petits, avec le maître d'un champ » (1552). La vivacité de son récit et la tonalité légère de la narration constituent un véritable modèle pour La Fontaine. Patru, quant à lui, commenta plusieurs fables et en composa une en prose (1659). Le rapport étroit qu'il établit avec le récit démontre à La Fontaine que la sagesse et l'agrément peuvent se joindre de manière heureuse. Ménage et Patru représentent des étapes essentielles dans la genèse des *Fables* dans la mesure où ils rompent avec l'usage strictement moralisant de la fable et proposent une nouvelle manière de la concevoir, liée au plaisir ou au badinage.

Réception des *Fables* : un franc succès

Quoi qu'il en soit, la réception des premiers livres est immédiatement favorable. Au point qu'ils sont très vite imités, servent de modèles d'inspiration et que les fables sont citées dans les journaux, parfois avant leur impression en recueil. C'est ainsi qu'entre 1690 et

1691, *Le Mercure Galant* présente quatre des fables qui seront éditées dans le livre XII ; puis, un an plus tard, La Fontaine réédite les textes publiés en 1678 et 1679 ; enfin, en 1693, le père Bouhours insère une fable inédite de La Fontaine dans son *Recueil de vers choisis*, après que Madame de Sévigné a parodié une fable (« La lionne et l'ourse ») dans une lettre (juin 1690). Plus encore, *Le Mercure galant* publie quatre-vingt-seize fables (non inédites) entre 1678 et 1701 !

Ainsi, avant même que le poète n'édite son dernier livre de fables, celles-ci semblent être attendues par le public puisqu'elles paraissent dans la presse ainsi que dans un recueil de poésie qui n'est pas de lui. Le succès des *Fables*, on le voit, n'est pas une légende. Au siècle suivant, Voltaire (*Le Siècle de Louis XIV*, 1751), Rousseau (*Émile*, 1762), ou d'autres encore, continuent de louer sa grâce, la gaieté de ses fables et son art de l'harmonie sous la variété la plus plaisante. D'ailleurs, avec ou sans illustrations, quatre éditions complètes et luxueuses paraîtront entre 1755 et 1787, démontrant la postérité du fabuliste.

Le XIX⁰ siècle sera encore plus riche en éditions des *Fables*, dont l'une d'entre elles effectuée par le célèbre critique de l'époque, Sainte-Beuve, et une autre illustrée par Gustave Doré. Le XX⁰ siècle, enfin, propose de nombreuses éditions savantes, illustrées parfois, où l'on tente d'identifier les sources et de mettre au jour la genèse des *Fables*.

De l'apologue aux *Fables* : le travail de La Fontaine

Les *Fables* de La Fontaine s'inscrivent donc dans une longue tradition où l'apologue est surtout considéré comme un genre sérieux, affecté à l'enseignement d'une morale et qui soumet entièrement l'agrément procuré par le récit à sa fonction didactique. En fait, exercice de style, les apologues ne redeviennent œuvre poétique, *Fables*, qu'avec La Fontaine. Tout son génie réside précisément dans la conversion de cette dimension morale prédominante en un véritable genre poétique où le plaisir du lecteur est au moins aussi important que ce qu'il apprend.

Au XVIIe siècle, le terme de *fable* désigne à la fois le genre de l'apologue, les mythes (c'est-à-dire la mythologie antique et le merveilleux), et l'intrigue d'un récit. La Fontaine bénéficie de l'incertitude sur le sens à donner à ce mot, si bien que ce dernier recouvre ces diverses significations dans le titre que La Fontaine adopte *(Fables choisies, mises en vers)* : celle d'apologue, dans la mesure où sa poésie contient toujours, mais à des degrés divers, une morale que l'on peut retirer de la lecture ; celle de merveilleux et de mythologie, puisque les animaux parlent entre eux et parlent aux hommes, et que les dieux de la mythologie antique, des allégories (Discorde), des animaux imaginaires (dragons), ainsi que les membres du corps humain et les plantes échangent des propos et vivent des aventures tout à fait inattendues ; celle d'intrigue, enfin, dans la mesure où la grande majorité des fables est narrative.

La Fontaine avait à sa disposition un immense répertoire de fables pour la majorité composées dans l'Antiquité. Son travail a donc davantage porté sur la manière que sur la matière du genre de l'apologue. Bien sûr, La Fontaine ne s'est pas contenté de mettre en vers ; mais on comprend qu'il a puisé dans une longue tradition de fables, parfois versifiées, parfois en prose, et qu'il respecte le projet moral qui en constitue le principe même. Il est d'ailleurs très difficile d'établir la carte des sources, des emprunts et des simples échos ou des résonances littéraires qui ont favorisé l'émergence des *Fables* : on ne connaît pas l'inventaire de sa bibliothèque, et il s'est montré assez jaloux de ses lectures. C'est donc en recensant les ouvrages connus en son temps et en répertoriant au mieux les publications de fables, en recueil ou insérées, que nous pouvons appréhender un peu l'univers fabuliste dans lequel La Fontaine s'est révélé.

Jean de La Fontaine
de l'Académie Françoise

Portrait de Jean de La Fontaine, par Gérard Edelinde,
d'après Hyacinthe Rigaud. Paris, Bibliothèque nationale.

Fables

LA FONTAINE

*Publiées pour la première
fois en 1668*

À Monseigneur le Dauphin

MONSEIGNEUR,

S'il y a quelque chose d'ingénieux dans la république des lettres[1], on peut dire que c'est la manière dont Ésope a débité[2] sa morale. Il serait véritablement à souhaiter que d'autres mains que les miennes y eussent ajouté les ornements
5 de la poésie, puisque le plus sage des anciens[3] a jugé qu'ils n'y étaient pas inutiles. J'ose, MONSEIGNEUR, vous en présenter quelques essais. C'est un entretien convenable à vos premières années. Vous êtes en un âge où l'amusement et les jeux sont permis aux princes ; mais en même temps vous
10 devez donner quelques-unes de vos pensées à des réflexions sérieuses. Tout cela se rencontre aux fables que nous devons à Ésope. L'apparence en est puérile, je le confesse ; mais ces puérilités servent d'enveloppe à des vérités importantes. Je ne doute point, MONSEIGNEUR , que vous ne regardiez favora-
15 blement des inventions si utiles et tout ensemble si agréables ; car que peut-on souhaiter davantage que ces deux points ? Ce sont eux qui ont introduit les sciences parmi les hommes. Ésope a trouvé un art singulier de les joindre l'un avec l'autre. La lecture de son ouvrage répand insensiblement dans une
20 âme les semences de la vertu, et lui apprend à se connaître sans qu'elle s'aperçoive de cette étude, et tandis qu'elle croit faire tout autre chose. C'est une adresse dont s'est servi très heureusement celui sur lequel[4] Sa Majesté a jeté les yeux

---

1. **Belles-lettres** : littérature.
2. **Débiter** : bien dire.
3. **Le plus sage des anciens** : Socrate.
4. **Sur lequel** : il s'agit du président de Périgny, qui sera remplacé par Boileau.

pour vous donner des instructions. Il fait en sorte que vous
25 appreniez sans peine ou, pour mieux parler, avec plaisir, tout
ce qu'il est nécessaire qu'un prince sache. Nous espérons
beaucoup de cette conduite. Mais, à dire la vérité, il y a des
choses dont nous espérons infiniment davantage. Ce sont,
MONSEIGNEUR, les qualités que notre invincible Monarque
30 vous a données avec la naissance ; c'est l'exemple que tous
les jours il vous donne. Quand vous le voyez former de si
grands desseins ; quand vous le considérez qui regarde, sans
s'étonner, l'agitation de l'Europe, et les machines qu'elle
remue pour le détourner de son entreprise ; quand il pénètre
35 dès sa première démarche jusque dans le cœur d'une province[1] où l'on trouve à chaque pas des barrières insurmon-
tables, et qu'il en subjugue une autre[2] en huit jours, pendant
la saison la plus ennemie de la guerre, lorsque le repos et les
plaisirs règnent dans les cours des autres princes ; quand, non
40 content de dompter les hommes, il veut triompher aussi des
éléments[3] ; et quand, au retour de cette expédition où il a
vaincu comme un Alexandre[4], vous le voyez gouverner ses
peuples comme un Auguste[5] : avouez le vrai, MONSEIGNEUR,
vous soupirez pour la gloire aussi bien que lui, malgré l'im-
45 puissance de vos années ; vous attendez avec impatience le
temps où vous pourrez vous déclarer son rival dans l'amour
de cette divine maîtresse. Vous ne l'attendez pas, MONSEI-
GNEUR, vous le prévenez. Je n'en veux pour témoignage que
ces nobles inquiétudes, cette vivacité, cette ardeur, ces
50 marques d'esprit, de courage, et de grandeur d'âme, que vous
faites paraître à tous les moments. Certainement c'est une joie

---

1. **Province** : Flandres espagnoles conquises en 1667 par les armées françaises.
2. **Une autre** : la Franche-Comté conquise en 1668.
3. **Éléments** : l'attaque de la Franche-Comté en hiver avait rompu avec l'usage de faire la guerre entre le printemps et l'automne.
4. **Alexandre** : ses nombreuses victoires militaires en faisaient un modèle de conquérant.
5. **Auguste** : empereur romain (Ier s. avant J.-C.-Ier s. après J.-C.) célèbre pour sa justice et son amour des arts.

bien sensible à notre Monarque ; mais c'est un spectacle bien agréable pour l'univers que de voir ainsi croître une jeune plante qui couvrira un jour de son ombre tant de peuples et
55 de nations. Je devrais m'étendre sur ce sujet ; mais comme le dessein que j'ai de vous divertir est plus proportionné à mes forces que celui de vous louer, je me hâte de venir aux fables, et n'ajouterai aux vérités que je vous ai dites que celle-ci : c'est, MONSEIGNEUR, que je suis, avec un zèle respectueux.

Votre très humble, très obéissant, et très fidèle serviteur,

De La Fontaine.

PRÉFACE

L'indulgence que l'on a eue pour quelques-unes de mes fables[1] me donne lieu d'espérer la même grâce pour ce recueil. Ce n'est pas qu'un des maîtres de notre éloquence[2] n'ait désapprouvé le dessein de les mettre en vers ; il a cru
5   que leur principal ornement est de n'en avoir aucun ; que d'ailleurs la contrainte de la poésie, jointe à la sévérité de notre langue, m'embarrasseraient en beaucoup d'endroits, et banniraient de la plupart de ces récits la brèveté[3], qu'on peut fort bien appeler l'âme du conte puisque sans elle il faut
10 nécessairement qu'il languisse. Cette opinion ne saurait partir que d'un homme d'excellent goût ; je demanderais seulement qu'il en relâchât[4] quelque peu, et qu'il crût que les grâces lacédémoniennes[5] ne sont pas tellement ennemies des muses françaises, que l'on ne puisse souvent les faire marcher de
15 compagnie.

Après tout, je n'ai entrepris la chose que sur l'exemple, je ne veux pas dire des anciens, qui ne tire point à conséquence pour moi, mais sur celui des modernes. C'est de tout temps, et chez tous les peuples qui font profession de poésie, que le
20 Parnasse a jugé ceci de son apanage. À peine les fables qu'on

---

1. **Fables :** preuve que certaines fables avaient circulé sous forme manuscrite auparavant.
2. **Un des maîtres de notre éloquence :** Olivier Patru, auteur de fables en prose.
3. **Brèveté :** brièveté.
4. **Relâcher :** faire des concessions.
5. **Lacédémonien :** de Sparte, en Grèce, cité réputée pour le style bref de ses habitants.

attribue à Ésope virent le jour, que Socrate trouva à propos
de les habiller des livrées des Muses. Ce que Platon en rapporte[1] est si agréable que je ne puis m'empêcher d'en faire un
des ornements de cette préface. Il dit que Socrate étant
25 condamné au dernier supplice, l'on remit l'exécution de
l'arrêt, à cause de certaines fêtes. Cébès l'alla voir[2] le jour
de sa mort. Socrate lui dit que les Dieux l'avaient averti plusieurs fois, pendant son sommeil, qu'il devait s'appliquer à la
musique avant qu'il mourût. Il n'avait pas entendu d'abord
30 ce que ce songe signifiait ; car, comme la musique ne rend
pas l'homme meilleur, à quoi bon s'y attacher ? Il fallait qu'il
y eût du mystère là-dessous : d'autant plus que les Dieux ne
se lassaient point de lui envoyer la même inspiration. Elle lui
était encore venue une de ces fêtes. Si bien qu'en songeant
35 aux choses que le Ciel pouvait exiger de lui, il s'était avisé
que la musique et la poésie ont tant de rapport, que possible[3]
était-ce de la dernière qu'il s'agissait. Il n'y a point de bonne
poésie sans harmonie ; mais il n'y en a point non plus sans
fiction ; et Socrate ne savait que dire la vérité. Enfin il avait
40 trouvé un tempérament[4] : c'était de choisir des fables qui
continssent quelque chose de véritable, telles que sont celles
d'Ésope. Il employa donc à les mettre en vers les derniers
moments de sa vie.

   Socrate n'est pas le seul qui ait considéré comme sœurs la
45 poésie et nos fables. Phèdre a témoigné qu'il était de ce
sentiment ; et par l'excellence de son ouvrage, nous pouvons
juger de celui du prince des philosophes. Après Phèdre, Aviénus[5] a traité le même sujet. Enfin les modernes les ont
suivis : nous en avons des exemples, non seulement chez les
50 étrangers, mais chez nous. Il est vrai que lorsque nos gens y

---

1. **Platon en rapporte** : le *Phédon* de Platon rapporte que Socrate, condamné
à mort, mit en vers des fables d'Ésope.
2. **Cébès l'alla voir** : disciple de Socrate qui lui rendit visite dans sa prison.
3. **Possible** : peut-être.
4. **Tempérament** : équilibre harmonieux.
5. **Aviénus** : auteur d'un recueil de fables (IVe-Ve siècles après J.-C.).

ont travaillé, la langue était si différente de ce qu'elle est, qu'on ne les doit considérer que comme étrangers. Cela ne m'a point détourné de mon entreprise : au contraire, je me suis flatté de l'espérance que si je ne courais dans cette car-
55 rière avec succès, on me donnerait au moins la gloire de l'avoir ouverte.

Il arrivera possible que mon travail fera naître à d'autres personnes l'envie de porter la chose plus loin. Tant s'en faut que cette matière soit épuisée, qu'il reste encore plus de fables
60 à mettre en vers que je n'en ai mis. J'ai choisi véritablement les meilleures, c'est-à-dire celles qui m'ont semblé telles ; mais outre que je puis m'être trompé dans mon choix, il ne sera pas difficile de donner un autre tour à celles-là même que j'ai choisies ; et si ce tour est moins long, il sera sans doute plus
65 approuvé. Quoi qu'il en arrive, on m'aura toujours obligation, soit que ma témérité ait été heureuse, et que je ne me sois point trop écarté du chemin qu'il fallait tenir, soit que j'aie seulement excité les autres à mieux faire.

Je pense avoir justifié suffisamment mon dessein : quant à
70 l'exécution, le public en sera juge. On ne trouvera pas ici l'élégance ni l'extrême brèveté qui rendent Phèdre recommandable ; ce sont qualités au-dessus de ma portée. Comme il m'était impossible de l'imiter en cela, j'ai cru qu'il fallait en récompense égayer[1] l'ouvrage plus qu'il n'a fait. Non que
75 je le blâme d'en être demeuré dans ces termes : la langue latine n'en demandait pas davantage ; et si l'on y veut prendre garde, on reconnaîtra dans cet auteur le vrai caractère et le vrai génie de Térence[2]. La simplicité est magnifique chez ces grands hommes : moi, qui n'ai pas les perfections
80 du langage comme ils les ont eues, je ne la puis élever à un si haut point. Il a donc fallu se récompenser d'ailleurs ; c'est ce que j'ai fait avec d'autant plus de hardiesse, que Quinti-

---

1. **Égayer** : rendre gai.
2. **Térence** : auteur latin de comédies (Ier siècle av. J.-C.).

lien[1] dit qu'on ne saurait trop égayer les narrations. Il ne s'agit pas ici d'en apporter une raison : c'est assez que Quin-
85 tilien l'ai dit. J'ai pourtant considéré que ces fables étant sues de tout le monde, je ne ferais rien si je ne les rendais nouvelles par quelques traits qui en relevassent le goût. C'est ce qu'on demande aujourd'hui : on veut de la nouveauté et de la gaieté. Je n'appelle pas gaieté ce qui excite le rire ; mais un
90 certain charme, un air agréable, qu'on peut donner à toutes sortes de sujets, mêmes les plus sérieux.

Mais ce n'est pas tant par la forme que j'ai donnée à cet ouvrage qu'on en doit mesurer le prix, que par son utilité et par sa matière ; car qu'y a-t-il de recommandable dans les
95 productions de l'esprit, qui ne se rencontre dans l'apologue ? C'est quelque chose de si divin, que plusieurs personnages de l'Antiquité ont attribué la plus grande partie de ces fables à Socrate, choisissant, pour leur servir de père, celui des mortels qui avait le plus de communication avec les Dieux. Je ne sais
100 comme ils n'ont point fait descendre du ciel ces mêmes fables, et comme ils ne leur ont point assigné un dieu qui en eût la direction, ainsi qu'à la poésie et à l'éloquence. Ce que je dis n'est pas tout à fait sans fondement, puisque, s'il m'est permis de mêler ce que nous avons de plus sacré parmi les erreurs
105 du paganisme, nous voyons que la Vérité a parlé aux hommes par paraboles ; et la parabole est-elle autre chose que l'apologue, c'est-à-dire un exemple fabuleux, et qui s'insinue avec d'autant plus de facilité et d'effet, qu'il est plus commun et plus familier ? Qui ne nous proposerait à imiter
110 que les maîtres de la sagesse, nous fournirait un sujet d'excuse : il n'y en a point quand des abeilles et des fourmis sont capables de cela même qu'on nous demande.

C'est pour ces raisons que Platon, ayant banni Homère de

---

1. **Quintilien** : auteur de l'*Institution oratoire*, manuel de rhétorique dans lequel il conseille d'être bref mais aussi enjoué pour éviter la sécheresse de la brièveté ; cette notion de gaieté a été relayée au XVIIe siècle par Pellisson.

sa république[1], y a donné à Ésope une place très honorable.
115 Il souhaite que les enfants sucent ces fables avec le lait ; il
recommande aux nourrices de les leur apprendre ; car on ne
saurait s'accoutumer de trop bonne heure à la sagesse et à la
vertu. Plutôt que d'être réduits à corriger nos habitudes, il
faut travailler à les rendre bonnes pendant qu'elles sont
120 encore indifférentes au bien ou au mal. Or quelle méthode y
peut contribuer plus utilement que ces fables ? Dites à un
enfant que Crassus[2], allant contre les Parthes, s'engagea dans
leur pays sans considérer comment il en sortirait ; que cela le
fit périr, lui et son armée, quelque effort qu'il fît pour se
125 retirer. Dites au même enfant que le Renard et le Bouc des-
cendirent au fond d'un puits pour y éteindre leur soif ; que
le Renard en sortit s'étant servi des épaules et des cornes de
son camarade comme d'une échelle ; au contraire, le Bouc y
demeura pour n'avoir pas eu tant de prévoyance ; et par
130 conséquent il faut considérer en toute chose la fin. Je
demande lequel de ces deux exemples fera le plus d'impression sur cet enfant. Ne s'arrêtera-t-il pas au dernier, comme
plus conforme et moins disproportionné que l'autre à la peti-
tesse de son esprit ? Il ne faut pas m'alléguer que les pensées
135 de l'enfance sont d'elles-mêmes assez enfantines, sans y
joindre encore de nouvelles badineries.

Ces badineries ne sont telles qu'en apparence ; car dans le
fond elles portent un sens très solide. Et comme, par la défi-
nition du point, de la ligne, de la surface, et par d'autres
140 principes très familiers, nous parvenons à des connaissances
qui mesurent enfin le ciel et la terre, de même aussi, par les
raisonnements et conséquences que l'on peut tirer de ces
fables, on se forme le jugement et les mœurs, on se rend
capable de grandes choses.

---

1. **République :** la *République* de Platon, dans laquelle il imagine une cité
idéale dont sont bannis les poètes à l'exception du fabuliste.
2. **Crassus :** homme politique et général romain (1er siècle av. J.-C.) qui tenta
de conquérir Parthe mais fut vaincu.

145 Elles ne sont pas seulement morales, elles donnent encore
d'autres connaissances. Les propriétés des animaux et leurs
divers caractères y sont exprimés ; par conséquent les nôtres
aussi, puisque nous sommes l'abrégé de ce qu'il y a de bon
et de mauvais dans les créatures irraisonnables. Quand Pro-
150 méthée voulut former l'homme, il prit la qualité dominante
de chaque bête : de ces pièces si différentes il composa notre
espèce ; il fit cet ouvrage qu'on appelle le Petit-Monde[1]. Ainsi
ces fables sont un tableau où chacun de nous se trouve
dépeint. Ce qu'elles nous représentent confirme les personnes
155 d'âge avancé dans les connaissances que l'usager leur a données, et apprend aux enfants ce qu'il faut qu'ils sachent.
Comme ces derniers sont des nouveaux venus dans le monde,
ils n'en connaissent pas encore les habitants : ils ne se
connaissent pas eux-mêmes. On ne les doit laisser dans cette
160 ignorance que le moins qu'on peut ; il leur faut apprendre ce
que c'est qu'un lion, un renard, ainsi du reste ; et pourquoi
l'on compare quelquefois un homme à ce renard ou à ce lion.
C'est à quoi les fables travaillent ; les premières notions de
ces choses proviennent d'elles.

165 J'ai déjà passé la longueur ordinaire des préfaces ; cependant je n'ai pas encore rendu raison de la conduite de mon
ouvrage. L'apologue est composé de deux parties, dont on
peut appeler l'une le corps, l'autre l'âme. Le corps est la
fable ; l'âme, la moralité. Aristote n'admet dans la fable que
170 les animaux ; il en exclut les hommes et les plantes. Cette
règle est moins de nécessité que de bienséance, puisque ni
Ésope, ni Phèdre, ni aucun des fabulistes ne l'a gardée, tout
au contraire de la moralité, dont aucun ne se dispense. Que
s'il m'est arrivé de le faire, ce n'a été que dans les endroits
175 où elle n'a pu entrer avec grâce, et où il est aisé au lecteur

---

1. **Petit-Monde** : il s'agit de l'homme, considéré comme un concentré (le
microcosme) de l'univers (le macrocosme) ; dans la mythologie antique,
Prométhée a créé l'homme à partir des différents éléments qui sont dans
l'univers, et des qualités des espèces animales.

de la suppléer. On ne considère en France que ce qui plaît : c'est la grande règle, et pour ainsi dire la seule. Je n'ai donc pas cru que ce fût un crime de passer par-dessus les anciennes coutumes lorsque je ne pouvais les mettre en usage sans leur
180 faire tort. Du temps d'Ésope, la fable était contée simplement : la moralité séparée, et toujours ensuite. Phèdre est venu, qui ne s'est pas assujetti à cet ordre : il embellit la narration, et transporte quelquefois la moralité de la fin au commencement. Quand il serait nécessaire de lui trouver
185 place, je ne manque à ce précepte que pour en observer un qui n'est pas moins important : c'est Horace qui nous le donne. Cet auteur ne veut pas qu'un écrivain s'opiniâtre contre l'incapacité de son esprit, ni contre celle de sa matière. Jamais, à ce qu'il prétend, un homme qui veut réussir n'en
190 vient jusque-là ; il abandonne les choses dont il voit bien qu'il ne saurait rien faire de bon :

> ... *Et quae*
> *Desperat tractata nitescere posse, relinquit.*

C'est ce que j'ai fait à l'égard de quelques moralités, du
195 succès desquelles je n'ai pas bien espéré [...].

À Monseigneur le Dauphin

Je chante les héros dont Ésope est le père,
Troupe de qui l'histoire, encor que[16] mensongère,
Contient des vérités qui servent de leçons.
Tout parle en mon ouvrage, et même les poissons.
5 Ce qu'ils disent s'adresse à tous tant que nous sommes ;
Je me sers d'animaux pour instruire les hommes.
ILLUSTRE REJETON D'UN PRINCE aimé des Cieux,
Sur qui le monde entier a maintenant les yeux,
Et qui, faisant fléchir les plus superbes[2] têtes,
10 Comptera désormais ses jours par ses conquêtes,
Quelque autre te dira d'une plus forte voix
Les faits de tes aïeux et les vertus des rois.
Je vais t'entretenir de moindres aventures,
Te tracer en ces vers de légères peintures.
15 Et si de t'agréer je n'emporte le prix,
J'aurais du moins l'honneur de l'avoir entrepris.

---

1. **Encor que** : bien que.
2. **Superbe** : orgueilleux.

LIVRE PREMIER

— 1.   La Cigale et la Fourmi

La Cigale, ayant chanté
Tout l'été,
Se trouva fort dépourvue
Quand la bise[1] fut venue :
5 Pas un seul petit morceau
De mouche ou de vermisseau.
Elle alla crier famine
Chez la Fourmi sa voisine,
La priant de lui prêter
Quelque grain pour subsister[2]
10 Jusqu'à la saison nouvelle.
« Je vous paierai, lui dit-elle,
Avant l'oût[3], foi d'animal,
Intérêt et principal[4]. »
La Fourmi n'est pas prêteuse :
15 C'est là son moindre défaut[5].
« Que faisiez-vous au temps chaud ?
Dit-elle à cette emprunteuse.

---

1. **Bise** : vent froid venant du Nord.
2. **Subsister** : subvenir à ses besoins, survivre.
3. **Oût** : août, période des récoltes.
4. **Principal** : le capital (prêté).
5. **Moindre défaut** : ironie : elle n'a pas le défaut de dilapider son bien.

– Nuit et jour à tout venant
Je chantais, ne vous déplaise !
20 – Vous chantiez ? j'en suis fort aise :
Eh bien ! dansez maintenant. »

« La Cigale et la Fourmi », par J.-J. Grandville.
Paris, Bibliothèque nationale.

2. Le Corbeau et le Renard

Maître Corbeau, sur un arbre perché,
    Tenait en son bec un fromage.
Maître Renard, par l'odeur alléché,
    Lui tint à peu près ce langage :
5   Hé ! bonjour, Monsieur du Corbeau.
Que vous êtes joli ! que vous me semblez beau !
    Sans mentir, si votre ramage[1]
    Se rapporte à votre plumage,
Vous êtes le phénix[2] des hôtes de ces bois. »
10 À ces mots le Corbeau ne se sent pas de joie ;
    Et pour montrer sa belle voix,
Il ouvre un large bec, laisse tomber sa proie.
Le Renard s'en saisit, et dit : « Mon bon Monsieur,
    Apprenez que tout flatteur
15 Vit aux dépens de celui qui l'écoute :
Cette leçon vaut bien un fromage, sans doute. »
    Le Corbeau, honteux et confus,
Jura, mais un peu tard, qu'on ne l'y prendrait plus.

---

1. **Ramage** : chant des oiseaux.
2. **Phénix** : oiseau mythique qui renaît de ses cendres ; image d'un individu unique.

« LE CORBEAU ET LE RENARD »

REPÈRES

1. Quels qualificatifs donne-t-on généralement au renard ?
Cherchez des expressions qui ont trait à cet animal.

OBSERVATION

2. Quels sont les deux personnages de cette fable ? Quel est
l'enjeu de leur échange ?

3. Quels adjectifs le renard emploie-t-il pour décrire le corbeau ? Quelles qualités dit-il trouver chez le corbeau ? Vous
semblent-elles vraisemblables ? Le renard dit-il ce qu'il
pense ?

4. Comment le renard nomme-t-il le corbeau ?

5. Quel lien logique existe-t-il entre les deux hémistiches du
vers 12 ? Comment est-il exprimé ? Dans quel but, à quel
effet, ce vers est-il ainsi composé ?

INTERPRÉTATIONS

6. Comparez les deux manières de nommer le corbeau par
le renard ; qu'indique la seconde ?

7. Comment qualifieriez-vous le ton que le narrateur
adopte à l'égard du corbeau ? Qu'est-ce qui l'indique dans
le dernier vers (mais aussi au vers 11) ?

8. En quoi peut-on dire que la morale de cette fable est
ambiguë ?

DE LA LECTURE À L'ÉCRITURE

9. Faites raconter cette fable par le renard à un autre renard.
Imaginez les moqueries et les exagérations qu'il pourrait
introduire dans son récit.

⟩3. La Grenouille qui se veut faire aussi grosse que le Bœuf

Une Grenouille vit un Bœuf
Qui lui sembla de belle taille.
Elle, qui n'était pas grosse en tout comme un œuf,
Envieuse, s'étend, et s'enfle, et se travaille,
5 Pour égaler l'animal en grosseur,
    Disant : « Regardez bien, ma sœur ;
Est-ce assez ? dites-moi ; n'y suis-je point encore ?
– Nenni[1]. – M'y voici donc ? – Point du tout. – M'y voilà ?
– Vous n'en approchez point. » La chétive pécore[2]
10   S'enfla si bien qu'elle creva.

Le monde est plein de gens qui ne sont pas plus sages :
Tout bourgeois veut bâtir comme les grands seigneurs,
Tout petit prince a des ambassadeurs,
    Tout marquis veut avoir des pages[3].

4. Les deux Mulets

Deux Mulets cheminaient l'un d'avoine chargé,
    L'autre portant l'argent de la gabelle[4].
Celui-ci, glorieux d'une charge si belle,
N'eût voulu pour beaucoup en être soulagé.
5   Il marchait d'un pas relevé[5],
        Et faisait sonner sa sonnette,

---

1. **Nenni** : non.
2. **Pécore** : animal.
3. **Page** : jeune noble placé auprès d'un roi ou d'un grand.
4. **Gabelle** : impôt sur le sel.
5. **Relever** : monter haut.

Quand l'ennemi se présentant,
Comme il en voulait à l'argent,
Sur le Mulet du fisc[1] une troupe se jette,
10   Le saisit du frein et l'arrête.
Le Mulet, en se défendant,
Se sent percer de coups ; il gémit, il soupire.
« Est-ce donc là, dit-il, ce qu'on m'avait promis ?
Ce Mulet qui me suit du danger se retire,
15   Et moi j'y tombe, et je péris.
        – Ami, lui dit son camarade,
Il n'est pas toujours bon d'avoir un haut emploi.
Si tu n'avais servi qu'un meunier, comme moi,
Tu ne serais pas si malade.

5.   Le Loup et le Chien

Un Loup n'avait que les os et la peau,
        Tant les chiens faisaient bonne garde.
Ce Loup rencontre un Dogue aussi puissant que beau,
Gras, poli, qui s'était fourvoyé par mégarde.
5   L'attaquer, le mettre en quartiers,
        Sire Loup l'eût fait volontiers ;
        Mais il fallait livrer bataille,
        Et le mâtin[2] était de taille
        À se défendre hardiment.
10   Le Loup donc l'aborde humblement,
Entre en propos, et lui fait compliment
        Sur son embonpoint[3], qu'il admire.
        « Il ne tiendra qu'à vous, beau sire,
D'être aussi gras que moi, lui repartit le Chien.

---

1. **Fisc** : administration qui se charge des impôts.
2. **Mâtin** : gros chien.
3. **Embonpoint** : légère rondeur.

« *Le Loup et le Chien* », *image d'Épinal.*
Paris, Bibliothèque nationale.

15   Quittez les bois, vous ferez bien :
        Vos pareils y sont misérables,
        Cancres[1], hères[2] et pauvres diables,
    Dont la condition est de mourir de faim.
    Car quoi ? rien d'assuré : point de franche lippée ;
20   Tout à la pointe de l'épée.
    Suivez-moi : vous aurez un bien meilleur destin. »
    Le Loup reprit : « Que me faudra-t-il faire ?
    – Presque rien, dit le Chien : donner la chasse aux gens
            Portant bâtons, et mendiants ;
25 Flatter ceux du logis, à son maître complaire :
            Moyennant quoi votre salaire
    Sera force reliefs[3] de toutes les façons,
            Os de poulets, os de pigeons,
            Sans parler de mainte caresse. »
30 Le loup déjà se forge une félicité
            Qui le fait pleurer de tendresse.
    Chemin faisant, il vit le col du Chien pelé.
    « Qu'est-ce là ? lui dit-il. – Rien. – Quoi ? rien ? – Peu de
                                                    [chose.

    – Mais encor ? – Le collier dont je suis attaché
35 De ce que vous voyez est peut-être la cause.
    – Attaché ? dit le Loup : vous ne courez donc pas
    Où vous voulez ? – Pas toujours ; mais qu'importe ?
    – Il importe si bien, que de tous vos repas
            Je ne veux en aucune sorte,
40 Et ne voudrais pas même à ce prix un trésor. »
    Cela dit, maître Loup s'enfuit, et court encor.

---

1. **Cancre** : homme misérable et inoffensif.
2. **Hère** : homme misérable.
3. **Reliefs** : restes après un repas.

6.   La Génisse, la Chèvre et la Brebis,
en société avec le Lion

La Génisse, la Chèvre et leur sœur la Brebis,
Avec un fier Lion, seigneur du voisinage,
Firent société, dit-on, au temps jadis,
Et mirent en commun le gain et le dommage.
5   Dans les lacs[1] de la Chèvre un cerf se trouva pris.
Vers ses associés aussitôt elle envoie.
Eux venus, le Lion par ses ongles[2] compta,
Et dit : « Nous sommes quatre à partager la proie. »
Puis en autant de parts le cerf il dépeça,
10   Prit pour lui la première en qualité de Sire.
« Elle doit être à moi, dit-il ; et la raison,
C'est que je m'appelle Lion :
À cela l'on n'a rien à dire.
La seconde, par droit, me doit échoir encor :
15   Ce droit, vous le savez, c'est le droit du plus fort.
Comme le plus vaillant, je prétends la troisième.
Si quelqu'une de vous touche à la quatrième
Je l'étranglerai tout d'abord. »

7.   La Besace

Jupiter dit un jour : « Que tout ce qui respire
S'en vienne comparaître aux pieds de ma grandeur.
Si dans son composé[3] quelqu'un trouve à redire,
Il peut le déclarer sans peur :
5   Je mettrai remède à la chose.

---

1. **Lacs** : cordons lacés pour tendre un piège.
2. **Ongles** : griffes.
3. **Composé** : ensemble des éléments qui constituent un être vivant.

Venez, Singe : parlez le premier, et pour cause.
Voyez ces animaux, faites comparaison.
  De leurs beautés avec les vôtres.
Êtes-vous satisfait ? – Moi ? dit-il ; pourquoi non ?
10 N'ai-je pas quatre pieds aussi bien que les autres ?
Mon portrait jusqu'ici ne m'a rien reproché ;
Mais, pour mon frère l'Ours, on ne l'a qu'ébauché[1].
Jamais, s'il me veut croire, il ne se fera peindre. »
L'Ours venant là-dessus, on crut qu'il s'allait plaindre.
15 Tant s'en faut : de sa forme il se loua très fort,
Glosa[2] sur l'Éléphant, dit qu'on pourrait encor
Ajouter à sa queue, ôter à ses oreilles ;
Que c'était une masse informe et sans beauté,
  L'Éléphant étant écouté,
20 Tout sage qu'il était, dit des choses pareilles :
  Il jugea qu'à son appétit
  Dame Baleine était trop grosse.
Dame Fourmi trouva le Ciron trop petit,
  Se croyant, pour elle, un colosse.
25 Jupin les renvoya s'étant censurés[3] tous,
Du reste, contents d'eux. Mais parmi les plus fous,
Notre espèce excella ; car tout ce que nous sommes,
Lynx[4] envers nos pareils et taupes[5] envers nous,
Nous nous pardonnons tout, et rien aux autres hommes.
30 On se voit d'un autre œil qu'on ne voit son prochain.
  Le fabricateur souverain
Nous créa besaciers tous de même manière,
Tant ceux du temps passé que du temps d'aujourd'hui :
Il fit pour nos défauts la poche de derrière,
35 Et celle de devant pour les défauts d'autrui.

---

1. **Ébaucher** : commencer sans avoir achevé.
2. **Gloser** : critiquer.
3. **Censurer** : critiquer, condamner.
4. **Lynx** : animal qui possède une très bonne vue.
5. **Taupe** : animal aveugle.

8. L'Hirondelle et les Petits Oiseaux

Une Hirondelle en ses voyages
Avait beaucoup appris. Quiconque a beaucoup vu
    Peut avoir beaucoup retenu.
    Celle-ci prévoyait jusqu'aux moindres orages,
5   Et devant qu'ils fussent éclos[1],
      Les annonçait aux matelots.
Il arriva qu'au temps que la chanvre[2] se sème,
Elle vit un manant[3] en couvrir maints sillons.
« Ceci ne me plaît pas, dit-elle aux Oisillons.
10 Je vous plains ; car pour moi, dans ce péril extrême,
Je saurai m'éloigner, ou vivre en quelque coin.
Voyez-vous cette main qui par les airs chemine ?
    Un jour viendra, qui n'est pas loin,
Que ce qu'elle répand sera votre ruine.
15 De là naîtront engins à vous envelopper,
    Et lacets pour vous attraper,
    Enfin mainte et mainte[4] machine
    Qui causera dans la saison
    Votre mort ou votre prison.
20   Gare la cage ou le chaudron !
    C'est pourquoi, leur dit l'Hirondelle,
    Mangez ce grain, et croyez-moi. »
    Les Oiseaux se moquèrent d'elle :
    Ils trouvaient aux champs trop de quoi.
25   Quand la chènevière fut verte,
L'Hirondelle leur dit : « Arrachez brin à brin
    Ce qu'a produit ce maudit grain,
    Ou soyez sûrs de votre perte.

---

1. **Éclore** : sortir de l'œuf.
2. **La chanvre** : aujourd'hui masculin ; plante textile dont on faisait de la corde.
3. **Manant** : paysan.
4. **Mainte et mainte** : de nombreuses.

– Prophète de malheur, babillarde[1], dit-on,
30   Le bel emploi que tu nous donnes !
       Il nous faudrait mille personnes
       Pour éplucher tout ce canton. »
       La chanvre étant tout à fait crue,
L'Hirondelle ajouta : « Ceci ne va pas bien ;
35   Mauvaise graine est tôt venue.
Mais puisque jusqu'ici l'on ne m'a crue en rien,
       Dès que vous verrez que la terre
       Sera couverte[2], et qu'à leurs blés
       Les gens n'étant plus occupés
40   Feront aux oisillons la guerre ;
       Quand reginglettes[3] et réseaux[4]
       Attraperont petits oiseaux,
       Ne volez plus de place en place ;
Demeurez au logis ou changez de climat :
45 Imitez le canard, la grue et la bécasse[5].
       Mais vous n'êtes pas en état
De passer, comme nous, les déserts et les ondes,
       Ni d'aller chercher d'autres malades ;
C'est pourquoi vous n'avez qu'un parti qui soit sûr :
50 C'est de vous renfermer aux trous de quelque mur. »
       Les Oisillons, las de l'entendre,
Se mirent à jaser[6] aussi confusément
Que faisaient les Troyens quand la pauvre Cassandre[7]
       Ouvrait la bouche seulement.
55   Il en prit[8] aux uns comme aux autres :
Maint oisillon se vit esclave retenu.

---

1. **Babillard** : bavard.
2. **Couverte** : ensemencée.
3. **Reginglettes** : nom d'oiseau inconnu.
4. **Réseaux** : pièges.
5. **[...] le canard, la grue et la bécasse** : oiseaux migrateurs.
6. **Jaser** : parler abondamment, bavarder.
7. **Cassandre** : elle avait le don de prophétie mais nulle ne la croyait.
8. **Il en prit** : il arriva.

« *L'Hirondelle et les Petits Oiseaux* », par *Charles Cochin, d'après J.-B. Oudry.*
Paris, Bibliothèque nationale.

Nous n'écoutons d'instincts que ceux qui sont les nôtres,
Et ne croyons le mal que quand il est venu.

➤9.　Le Rat de ville et le Rat des champs

Autrefois, le Rat de ville
Invita le Rat des champs,
D'une façon fort civile[1],
À des reliefs d'ortolans[2].

5　Sur un tapis de Turquie
Le couvert se trouva mis.
Je laisse à penser la vie
Que firent ces deux amis.

Le régal fut fort honnête :
10　Rien ne manquait au festin ;
Mais quelqu'un troubla la fête
Pendant qu'ils étaient en train.

À la porte de la salle
Ils entendirent du bruit :
15　Le Rat de ville détale ;
Son camarade le suit.

Le bruit cesse, on se retire :
Rats en campagne aussitôt ;
Et le citadin de dire :
20　« Achevons tout notre rôt.

---

1. **Civil** : courtois.
2. **Ortolan** : petit oiseau.

« Le rat de ville et le Rat des champs », par Pannemaker-Doms,
d'après Gustave Doré. Paris, Bibliothèque nationale.

– C'est assez, dit le rustique ;
Demain vous viendrez chez moi.
Ce n'est pas que je me pique[1]
De tous vos festins de roi ;

25 Mais rien ne vient m'interrompre :
Je mange tout à loisir.
Adieu donc. Fi du plaisir
Que la crainte peut corrompre ! »

10. Le Loup et l'Agneau

La raison du plus fort est toujours la meilleure :
Nous l'allons montrer tout à l'heure[2].

Un Agneau se désaltérait
Dans le courant d'une onde pure.
5 Un Loup survient à jeun, qui cherchait aventure,
Et que la faim en ces lieux attirait.
« Qui te rend si hardi de troubler mon breuvage ?
Dit cet animal plein de rage :
Tu seras châtié de ta témérité.
10 – Sire, répond l'Agneau, que votre Majesté
Ne se mette pas en colère ;
Mais plutôt qu'elle considère
Que je me vas[3] désaltérant
Dans le courant,
15 Plus de vingt pas au-dessous d'Elle ;
Et que par conséquent, en aucune façon,
Je ne puis troubler sa boisson.

---

1. **Se piquer** : se sentir offensé.
2. **Tout à l'heure** : immédiatement.
3. **Vas** : ancienne forme pour *vais*.

– Tu la troubles, reprit cette bête cruelle ;
Et je sais que de moi tu médis[1] l'an passé.
20 – Comment l'aurais-je fait si je n'étais pas né ?
        Reprit l'Agneau ; je tette encor ma mère.
        – Si ce n'est toi, c'est donc ton frère.
    – Je n'en ai point. – C'est donc quelqu'un des tiens ;
        Car vous ne m'épargnez guère,
25   Vous, vos bergers et vos chiens.
On me l'a dit : il faut que je me venge. »
        Là-dessus, au fond des forêts
        Le Loup l'emporte, et puis le mange,
        Sans autre forme de procès.

11.   L'Homme et son Image

POUR M.L.D.D.L.R

Un homme qui s'aimait sans avoir de rivaux
Passait dans son esprit pour le plus beau du monde :
Il accusait toujours les miroirs d'être faux,
Vivant plus que content dans une erreur profonde.
5 Afin de guérir, le sort officieux[2]
        Présentait partout à ses yeux
Les conseillers muets dont se servent nos dames :
Miroirs dans les logis, miroirs chez les marchands,
        Miroirs aux poches des galands,
10   Miroirs aux ceintures des femmes.
Que fait notre Narcisse ? Il se va confiner
Aux lieux les plus cachés qu'il peut s'imaginer,
N'osant plus de miroirs éprouver l'aventure.

---

1. **Médire :** dire du mal.
2. **Officieux :** obligeant.

« LE LOUP ET L'AGNEAU »

REPÈRES
1. La morale de la fable évoque-t-elle seulement le règne animal ? Pourquoi La Fontaine l'a-t-il placée avant le récit ?

OBSERVATION
2. Quelle est l'intention du loup ? Relevez les mots qui annoncent cette intention dans la description par le narrateur et dans le discours de l'agneau.

3. Comment la hiérarchie des animaux et les rapports de forces sont-ils exprimés dans la graphie et dans le discours de chacun des deux animaux ?

4. Où l'agneau se situe-t-il par rapport au nouvel arrivé ? À quelle distance ?

5. Trouble-t-il l'eau dans laquelle boit le loup ?

6. Faites la liste des différents reproches adressés à l'agneau par le loup. Vous semblent-ils justifiés ? Relevez ce qui, dans les réponses de l'agneau, ridiculise l'argumentation du loup.

7. Pourquoi La Fontaine a-t-il choisi le mot « procès » ? N'est-ce pas un emploi ironique ?

INTERPRÉTATIONS
8. Reformulez le premier vers de la fable.

9. Le récit de La Fontaine illustre-t-il bien cette maxime ? La conclusion de cette fable est-elle juste ? optimiste ? Justifiez vos réponses.

DE LA LECTURE À L'ÉCRITURE

10. Imaginez les avertissements et les conseils que la mère de l'agneau, la brebis, a donnés à son petit, avant qu'il se rende à la rivière.

Mais un canal[1], formé par une source pure,
15   Se trouve en ces lieux écartés ;
Il s'y voit, il se fâche ; et ses yeux irrités
Pensent apercevoir une chimère[2] vaine.
Il fait tout ce qu'il peut pour éviter cette eau ;
      Mais quoi ! le canal est si beau.
20   Qu'il ne le quitte qu'avec peine.
      On voit bien où je veux venir.
Je parle à tous ; et cette erreur extrême
Est un mal que chacun se plaît d'entretenir.
Notre âme, c'est un homme amoureux de lui-même ;
25 Tant de miroirs, ce sont les sottises d'autrui,
Miroirs, de nos défauts les peintres légitimes ;
      Et quant au canal, c'est celui
      Que chacun sait, le livre des *Maximes*[3].

12.   Le Dragon à plusieurs têtes et le Dragon à plusieurs queues

Un envoyé du Grand Seigneur[4]
Préférait, dit l'Histoire, un jour chez l'Empereur[5],
Les forces de son maître à celles de l'Empire.
      Un Allemand se mit à dire :
5   « Notre prince a des dépendants
Qui, de leur chef, sont si puissants
Que chacun d'eux pourrait soudoyer[6] une armée. »

---

1. **Canal** : lit de rivière.
2. **Chimère** : monstre mythologique à tête de lion, ventre de chèvre et queue de dragon ; au sens figuré : mirage, illusion.
3. *Maximes* : ouvrage du moraliste La Rochefoucauld à qui cette fable est dédicacée.
4. **Seigneur** : le Grand Turc.
5. **Empereur** : l'empereur d'Allemagne.
6. **Soudoyer** : acheter les services.

Le Chiaoux[1], homme de sens,
Lui dit : « Je sais par renommée
10 Ce que chaque Électeur peut de monde fournir ;
Et cela me fait souvenir
D'une aventure étrange, et qui pourtant est vraie.
J'étais en un lieu sûr, lorsque je vis passer
Les cent têtes d'une hydre[2] au travers d'une haie.
15 Mon sang commence à se glacer,
Et je crois qu'à moins on s'effraie.
Je n'en eus toutefois que la peur sans le mal :
Jamais le corps de l'animal
Ne put venir vers moi, ni trouver d'ouverture.
20 Je rêvais à cette aventure,
Quand un autre Dragon, qui n'avait qu'un seul chef,
Et bien plus qu'une queue, à passer se présente.
Me voilà saisi derechef[3]
D'étonnement et d'épouvante.
25 Ce chef passe, et le corps, et chaque queue aussi.
Rien ne les empêcha ; l'un fit chemin à l'autre.
Je soutiens qu'il en est ainsi
De votre empereur et du nôtre. »

13. Les Voleurs et l'Âne

Pour un Âne enlevé[4] deux Voleurs se battaient :
L'un voulait le garder, l'autre le voulait vendre.
Tandis que coups de poing trottaient,
Et que nos champions songeaient à se défendre,

---

1. **Chiaoux :** officier au service du « Grand Seigneur ».
2. **Hydre :** animal mythique.
3. **Derechef :** de nouveau.
4. **Enlever :** voler.

5   Arrive un troisième larron
       Qui saisit maître Aliboron[1].

L'Âne, c'est quelquefois une pauvre province.
            Les Voleurs sont tel ou tel prince,
Comme le Transylvain[2], le Turc, et le Hongrois.
10   Au lieu de deux, j'en ai rencontré trois :
            Il est assez de cette marchandise[3].
De nul d'eux n'est souvent la province conquise :
Un quart[4] voleur survient, qui les accorde net
            En se saisissant du Baudet.

14.   Simonide préservé par les Dieux

On ne peut trop louer trois sortes de personnes :
            Les Dieux, sa maîtresse, et son roi.
Malherbe le disait, j'y souscris, quant à moi :
            Ce sont maximes toujours bonnes.
5   La louange chatouille et gagne les esprits ;
    Les faveurs d'une belle en sont souvent le prix.
    Voyons comme les Dieux l'ont quelquefois payée.
            Simonide[5] avait entrepris
    L'éloge d'un athlète, et la chose essayée,
10 Il trouva son sujet plein de récits tout nus[6].
    Les parents de l'athlète étaient gens inconnus ;
    Son père, un bon bourgeois ; lui, sans autre mérite ;
            Matière infertile et petite.

1. **Aliboron** : sot, ignorant.
2. **Transylvain** : désigne la Transylvanie, région que se disputent l'Empire germanique et la Turquie.
3. **Il est assez de cette marchandise** : cela suffit à ce sujet.
4. **Quart** : quatrième.
5. **Simonide** : poète grec (558-468 avant J.-C.).
6. **Nu** : sans ornement.

Le poète d'abord parla de son héros.
15 Après en avoir dit ce qu'il en pouvait dire,
Il se jette à côté, se met sur le propos
De Castor et Pollux[1], ne manque pas d'écrire
Que leur exemple était aux lutteurs glorieux,
Élève[2] leurs combats, spécifiant les lieux
20 Où ces frères s'étaient signalés davantage :
      Enfin l'éloge de ces dieux
      Faisait les deux tiers de l'ouvrage.
L'Athlète avait promis d'en payer un talent[3] ;
      Mais quand il le vit, le galant
25 N'en donna que le tiers, et dit fort franchement
Que Castor et Pollux acquittassent le reste.
« Faites-vous contenter par ce couple céleste.
      Je vous veux traiter cependant
Venez souper chez moi, nous ferons bonne vie.
30   Les conviés sont gens choisis,
      Mes parents, mes meilleurs amis.
      Soyez donc de la compagnie. »
Simonide promit. Peut-être qu'il eut peur
De perdre, outre son dû, le gré[4] de la louange.
35   Il vient, l'on festine[5], l'on mange.
      Chacun étant en belle humeur,
Un domestique accourt, l'avertit qu'à la porte
Deux hommes demandaient à le voir promptement.
      Il sort de table, et la cohorte
40   N'en perd pas un seul coup de dent.
Ces deux hommes étaient les gémeaux[6] de l'éloge.
Tous deux lui rendent grâce ; et pour prix de ses vers,
      Ils l'avertissent qu'il déloge,

---

1. **Castor et Pollux** : frères jumeaux.
2. **Élever** : glorifier.
3. **Talent** : ancienne monnaie grecque.
4. **Gré** : la reconnaissance.
5. **Festiner** : faire festin.
6. **Gémeaux** : jumeaux.

Et que cette maison va tomber à l'envers.
45   La prédiction en fut vraie.
          Un pilier manque, et le plafonds,
          Ne trouvant plus rien qui l'étaie[1],
Tombe sur le festin, brise plats et flacons[2],
          N'en fait pas moins aux échansons[3].
50 Ce ne fut pas le pis ; car pour rendre complète
          La vengeance due au poète,
Une poutre cassa les jambes de l'Athlète,
          Et renvoya les conviés
          Pour la plupart estropiés.
55 La Renommée eut soin de publier[4] l'affaire :
Chacun cria miracle. On doubla le salaire
Que méritaient les vers d'un homme aimé des Dieux
          Il n'était fils de bonne mère
          Qui, les payant à qui mieux mieux,
60   Pour ses ancêtres n'en fît faire.

Je reviens à mon texte, et dis premièrement
Qu'on ne saurait manquer[5] de louer largement
Les Dieux et leurs pareils ; de plus, que Melpomène[6]
Souvent, sans déroger[7], trafique de sa peine[8] ;
65 Enfin qu'on doit tenir notre art en quelque prix.
Les grands se font honneur dès lors qu'ils nous font grâce[9].
          Jadis l'Olympe et le Parnasse.
          Étaient frères et bons amis.

---

1. **Étayer** : soutenir.
2. **Flacon** : bouteille.
3. **Échansons** : personnes qui servent à boire.
4. **Publier l'affaire** : rendre l'affaire publique.
5. **Manquer de** : faillir.
6. **Melpomène** : muse de la tragédie, elle est ici celle de la littérature en général.
7. **Déroger** : transgresser.
8. **Trafiquer** : faire commerce, vendre.
9. **Grâce** : faveur.

15. La Mort et le Malheureux

Un Malheureux appelait tous les jours
      La Mort à son secours,
« Ô Mort, lui disait-il, que tu me sembles belle !
Viens vite, viens finir ma fortune cruelle. »
5 La Mort crut, en venant, l'obliger[1] en effet.
Elle frappe à sa porte, elle entre, elle se montre.
« Que vois-je ? cria-t-il, ôtez-moi cet objet ;
      Qu'il est hideux ! que sa rencontre
      Me cause d'horreur et d'effroi !
10 N'approche pas, ô Mort ; ô Mort, retire-toi. »

      Mécénas[2] fut un galand homme ;
Il a dit quelque part : « Qu'on me rende impotent[3],
Cul-de-jatte, goutteux[4], manchot, pourvu qu'en somme
Je vive, c'est assez, je suis plus que content. »
15 Ne viens jamais, ô Mort ; on t'en dit tout autant.

Ce sujet a été traité d'une autre façon par Ésope, comme la
fable suivante le fera voir. Je composai celle-ci pour une rai-
son qui me contraignait de rendre la chose ainsi générale.
Mais quelqu'un me fit connaître que j'eusse beaucoup mieux
fait de suivre mon original, et que je laissais passer un des
plus beaux traits qui fût dans Ésope. Cela m'obligea d'y avoir
recours. Nous ne saurions aller plus avant que les Anciens :
ils ne nous ont laissé pour notre part que la gloire de les bien
suivre. Je joins toutefois ma fable à celle d'Ésope, non que la

---

1. **Obliger** : Satisfaire, aider.
2. **Mécénas** : mécène, ministre des arts et des lettres sous Auguste, réputé pour la protection qu'il apportait aux artistes et pour sa générosité.
3. **Impotent** : invalide.
4. **Goutteux** : qui souffre de la maladie de la goutte.

mienne le mérite, mais à cause du mot de Mécénas que j'y
fais entrer, et qui est si beau et si à propos que je n'ai pas cru
le devoir omettre.

16.   La Mort et le Bûcheron

Un pauvre Bûcheron, tout couvert de ramée[1],
Sous le faix[2] du fagot aussi bien que des ans
Gémissant et courbé, marchait à pas pesants,
Et tâchait de gagner sa chaumine[3] enfumée.
5 Enfin, n'en pouvant plus d'effort et de douleur,
Il met bas son fagot, il songe à son malheur.
  « Quel plaisir a-t-il eu depuis qu'il est au monde ?
En est-il un plus pauvre en la machine ronde ?
Point de pain quelquefois, et jamais de repos. »
10 Sa femme, ses enfants, les soldats[4], les impôts,
        Le créancier et la corvée[5]
Lui font d'un malheureux la peinture achevée.
Il appelle la Mort. Elle vient sans tarder,
        Lui demande ce qu'il faut faire.
15   « C'est, dit-il, afin de m'aider
À recharger ce bois ; tu ne tarderas guère[6]. »

        Le trépas vient tout guérir ;
        Mais ne bougeons d'où nous sommes :
        Plutôt souffrir que mourir,
20   C'est la devise des hommes.

---

1. **Ramée :** branches d'arbres.
2. **Faix :** poids.
3. **Chaumine :** mot ancien pour chaumière.
4. **Soldats :** il fallait les héberger gratuitement.
5. **Corvée :** travail imposé aux paysans par le seigneur.
6. **Tu ne tarderas guère :** cela ne te retardera pas trop.

« La Mort et le Bûcheron »

Repères

1. Quels sont les deux personnages de la fable ? Que souhaitent-ils ? Y parviennent-ils finalement ? Pourquoi ?

Observation

2. Relevez les champs lexicaux de la souffrance et de la misère dans les quatre premiers vers. Pourquoi commencer par décrire le bûcheron ?

3. Quel terme est employé pour marquer le changement de temps au vers 5 ? Que signifie-t-il ?

4. Quels sont les soucis du bûcheron ? Peut-il s'en débarrasser ? Hésite-t-il à appeler la Mort ? Qu'est-ce qui montre la rapidité de sa décision ?

5. Comment comprend-on que le bûcheron ne souhaite pas mourir, finalement ?

6. Le service qu'il demande à la Mort était-il prévisible ? Quel effet cette demande provoque-t-elle sur le lecteur ?

7. En quoi la morale (« Plutôt souffrir que mourir ») vous semble-t-elle bien correspondre à l'histoire du bûcheron ?

Interprétations

8. Pourquoi, selon vous, le personnage du bûcheron est-il idéal pour illustrer la morale de cette fable ? (Vous pouvez vous aider en le comparant à celui du « Malheureux » de la fable précédente.)

De la lecture à l'écriture

9. En faisant comme si vous étiez un ami du bûcheron, reprenez les différents motifs de sa plainte et consolez-le.

« *La Mort et le Bûcheron* ».
Paris, Bibliothèque nationale.

17. L'Homme entre deux âges, et ses deux Maîtresses

Un Homme de moyen âge,
Et tirant sur le grison,
Jugea qu'il était saison[1]
De songer au mariage.
5   Il avait du comptant[2],
     Et partant[3]
De quoi choisir. Toutes voulaient lui plaire :
En quoi notre amoureux ne se pressait pas tant ;
Bien adresser[4] n'est pas petite affaire.
10 Deux Veuves sur son cœur eurent le plus de part :
L'une encor verte, et l'autre un peu bien mûre,
     Mais qui réparait par son art
     Ce qu'avait détruit la nature.
     Ces deux Veuves, en badinant,
15   En riant, en lui faisant fête,
     L'allaient quelquefois testonnant[5],
     C'est-à-dire ajustant[6] sa tête.
La Vieille, à tous moments, de sa part emportait
Un peu du poil noir qui restait,
20 Afin que son amant en fût plus à sa guise.
La Jeune saccageait les poils blancs à son tour.
Toutes deux firent tant que notre tête grise
Demeura sans cheveux, et se douta du tour.
« Je vous rends, leur dit-il, mille grâces, les Belles,

---

1. **Saison** : temps.
2. **Comptant** : des biens.
3. **Partant** : en conséquence.
4. **Adresser** : s'adresser au bon endroit.
5. **Testonner** : peigner, ajuster les cheveux.
6. **Ajuster** : embellir.

25   Qui m'avez si bien tondu ;
      J'ai plus gagné que perdu :
      Car d'hymen point de nouvelles.
Celle que je prendrais voudrait qu'à sa façon
      Je vécusse, et non à la mienne.
30   Il n'est tête chauve qui tienne,
Je vous suis obligé[1], Belles, de la leçon. »

18.   Le Renard et la Cigogne

Compère le Renard se mit un jour en frais,
Et retint à dîner commère la Cigogne.
Le régal[2] fut petit et sans beaucoup d'apprêts :
      Le galand, pour toute besogne[3],
5 Avait un brouet[4] clair ; il vivait chichement[5].
Ce brouet fut par lui servi sur une assiette :
La Cigogne au long bec n'en put attraper miette ;
Et le drôle eut lapé le tout en un moment.
Pour se venger de cette tromperie,
10 À quelque temps de là, la Cigogne le prie.
« Volontiers, lui dit-il ; car avec mes amis
      Je ne fais point cérémonie. »
      À l'heure dite, il courut au logis
      De la Cigogne son hôtesse ;
15   Loua très fort la politesse ;
      Trouva le dîner cuit à point :
Bon appétit surtout ; renards n'en manquent point.
Il se réjouissait à l'odeur de la viande

---

1. **Obligé :** reconnaissant.
2. **Régal :** repas que l'on sert à un invité de passage.
3. **Besogne :** résultat de sa préparation.
4. **Brouet :** potage peu raffiné.
5. **Chichement :** pauvrement.

Mise en menus morceaux, et qu'il croyait friande[1].
20   On servit, pour l'embarrasser,
En un vase à long col et d'étroite embouchure.
Le bec de la Cigogne y pouvait bien passer ;
Mais le museau du sire était d'autre mesure.
Il lui fallut à jeun retourner au logis,
25 Honteux comme un renard qu'une poule aurait pris,
Serrant la queue, et portant bas l'oreille.

Trompeurs, c'est pour vous que j'écris :
Attendez-vous à la pareille.

19.   L'Enfant et le Maître d'école

Dans ce récit je prétends faire voir
D'un certain sot la remontrance vaine.
Un jeune Enfant dans l'eau se laissa choir[2],
En badinant sur les bords de la Seine.
5 Le Ciel permit qu'un saule se trouva,
Dont le branchage, après Dieu, le sauva.
S'étant pris, dis-je, aux branches de ce saule,
Par cet endroit passe un Maître d'école ;
L'Enfant lui crie : « Au secours ! je péris. »
10 Le Magister[3], se tournant à ses cris,
D'un ton fort grave à contre-temps[4] s'avise
De le tancer[5] : « Ah ! le petit babouin[6] !
Voyez, dit-il, où l'a mis sa sottise !
Et puis, prenez de tels fripons le soin.

---

1. **Friand** : délicat, bien assaisonné.
2. **Choir** : tomber.
3. **Magister** : mot latin pour le maître.
4. **À contre-temps** : à un moment inapproprié.
5. **Tancer** : réprimander.
6. **Babouin** : enfant étourdi et sot.

15 Que les parents sont malheureux qu'il faille
   Toujours veiller à semblable canaille !
   Qu'ils ont de maux ! et que je plains leur sort ! »
   Ayant tout dit, il mit l'Enfant à bord.
   Je blâme ici plus de gens qu'on ne pense.
20 Tout babillard, tout censeur, tout pédant
   Se peut connaître au discours que j'avance.
   Chacun des trois fait un peuple fort grand :
   Le Créateur en a béni l'engeance.
   En toute affaire ils ne font que songer
25   Aux moyens d'exercer leur langue.
   Hé ! mon ami, tire-moi de danger,
       Tu feras après ta harangue.

20.   Le Coq et la Perle

Un jour un Coq détourna[1]
Une Perle, qu'il donna
Au beau premier lapidaire[2].
« Je la crois fine, dit-il ;
5 Mais le moindre grain de mil[3]
Serait bien mieux mon affaire. »

Un ignorant hérita
D'un manuscrit, qu'il porta
Chez son voisin le libraire.
10 « Je crois, dit-il, qu'il est bon ;
Mais le moindre ducaton[4]
Serait bien mieux mon affaire. »

---

1. **Détourner** : voler.
2. **Lapidaire** : joaillier.
3. **Mil** : céréale.
4. **Ducaton** : ancienne monnaie d'argent.

21.   Les Frelons et les Mouches à miel

À l'œuvre on connaît l'artisan.

Quelques rayons de miel sans maître se trouvèrent :
           Des Frelons les réclamèrent.
           Des Abeilles s'opposant,
5   Devant certaine Guêpe on traduisit la cause.
     Il était malaisé de décider[1] la chose ;
     Les témoins déposaient qu'autour de ces rayons
     Des animaux ailés, bourdonnants, un peu longs,
     De couleur fort tannée, et tels que les abeilles,
10   Avaient longtemps paru. Mais quoi ! dans les Frelons
           Ces enseignes[2] étaient pareilles.
     La Guêpe, ne sachant que dire à ces raisons,
     Fit enquête nouvelle, et pour plus de lumière
           Entendit une fourmilière.
15   Le point n'en put être éclairci.
           « De grâce, à quoi bon tout ceci ?
           Dit une Abeille fort prudente.
     Depuis tantôt six mois que la cause est pendante,
           Nous voici comme aux premiers jours.
20   Pendant cela le miel se gâte.
     Il est temps désormais que le juge se hâte :
           N'a-t-il point assez léché l'Ours[3] ?
     Sans tant de contredits, et d'interlocutoires[4],
           Et de fatras[5], et de grimoires,
25   Travaillons, les Frelons et nous :
     On verra qui sait faire, avec un suc si doux,
           Des cellules si bien bâties. »

---

1. **Décider :** prendre parti.
2. **Enseignes :** signes.
3. **Lécher l'ours :** perdre beaucoup de temps.
4. **Interlocutoires :** termes de justice qui désignent des sentences provisoires.
5. **Fatras :** vaines et nombreuses paroles.

Le refus des Frelons fit voir
Que cet art passait leur savoir ;
30 Et la Guêpe adjugea le miel à leurs parties.

Plût à Dieu qu'on réglât ainsi tous les procès !
Que des Turcs en cela l'on suivît la méthode[1] !
Le simple sens commun nous tiendrait lieu de code,
        Il ne faudrait point tant de frais.
35   Au lieu qu'on nous mange, on nous gruge[2],
        On nous mine[3] par des longueurs ;
On fait tant, à la fin, que l'huître est pour le juge,
        Les écailles pour les plaideurs.

━ 22. Le Chêne et le Roseau

        Le Chêne un jour dit au Roseau :
« Vous avez bien sujet[4] d'accuser la nature ;
Un roitelet[5] pour vous est un pesant fardeau :
        Le moindre vent, qui d'aventure
5   Fait rider la face de l'eau,
        Vous oblige à baisser la tête,
Cependant que mon front, au Caucase pareil,
Non content d'arrêter les rayons du soleil,
        Brave[6] l'effort[7] de la tempête.
10 Tout vous est aquilon[8], tout me semble zéphyr[9].
Encor si vous naissiez à l'abri du feuillage

1. **Méthode** : méthode expéditive de la justice turque.
2. **Gruger** : dépouiller, ruiner.
3. **Miner** : dépouiller, ruiner.
4. **Avoir sujet de** : avoir une raison de.
5. **Roitelet** : petit oiseau.
6. **Braver** : résister à.
7. **Effort** : force, violence.
8. **Aquilon** : vent froid du Nord.
9. **Zéphyr** : vent printanier.

           Dont je couvre le voisinage,
           Vous n'auriez pas tant à souffrir :
           Je vous défendrais de l'orage ;
15   Mais vous naissez le plus souvent
Sur les humides bords des royaumes du vent.
La nature envers vous me semble bien injuste.
– Votre compassion, lui répondit l'arbuste,
Part d'un bon naturel, mais quittez ce souci :
20   Les vents me sont moins qu'à vous redoutables ;
Je plie et ne romps pas. Vous avez jusqu'ici
           Contre leurs coups épouvantables
           Résisté sans courber le dos ;
Mais attendons la fin. » Comme il disait ces mots,
25 Du bout de l'horizon accourt avec furie
           Le plus terrible des enfants
Que le Nord eût portés jusque-là dans ses flancs.
           L'arbre tient bon ; le Roseau plie.
           Le vent redouble ses efforts,
30   Et fait si bien qu'il déracine
Celui de qui la tête au ciel était voisine,
Et dont les pieds touchaient à l'empire des morts.

Un art de la prudence modeste

La distance du poète

La distance du poète à l'égard des récits facétieux qu'il nous présente est ironique. Qu'il envisage les relations amoureuses, dans « L'Homme entre deux âges [...] », la situation politique internationale dans « Les Voleurs et l'Âne » ou dans « Le Dragon à plusieurs têtes [...] », les lourdeurs de la justice en France dans « Les Frelons et les Mouches à miel », ou bien encore les relations en société dans « Le Corbeau et le Renard » et dans « Le Renard et la Cigogne », La Fontaine critique sur un ton amusé les comportements de chacun dès lors qu'ils traduisent une volonté de s'imposer ou de tromper autrui.

Le règne de l'injustice

Quoiqu'elles aient une portée générale, on pourrait être tenté de relier deux fables à l'exercice du pouvoir royal par Louis XIV : « La Génisse, la Chèvre et la Brebis [...] » et « Le Loup et l'Agneau ». L'arbitraire flagrant dont sont victimes les animaux en société avec le lion et l'agneau dévoré « sans autre forme de procès » par le loup n'a pas d'autre fonction, en fait, que de dénoncer l'emploi injuste, mais inévitable pour les faibles, de la force et de l'autorité. Il ne reste donc qu'à s'en tenir éloigné, en demeurant à sa place.

Être soi-même

L'envie qui gouverne la grenouille « qui se veut faire aussi grosse que le bœuf » provoque sa fin, par aveuglement à l'égard de son être véritable ; l'aventure des deux mulets indique que les charges les plus élevées sont aussi les plus risquées, et invite donc à la modestie et à la mesure. Il ne faut pas en effet se méprendre sur ses propres capacités, ni ignorer ses défauts en ne voyant que ceux d'autrui : « La Besace », « L'Hirondelle et les Petits Oiseaux », « Le Chêne et le Roseau », « L'Homme et son Image » et « L'Enfant et le Maître d'école », chacune à sa manière, évoquent l'orgueil, la vanité et les dangers ou le ridicule qu'ils nous font encourir. Autant de fables dont le sens est : sois toi-même.

Les fables du premier livre permettent de dégager des lignes de forces qui parcourent l'ensemble des deux recueils. Elles délivrent une sagesse modeste et prudente selon laquelle il est préférable de rester à sa place en tout point, sans entreprendre de se faire valoir, sans chercher à tirer profit des avantages dont la nature nous a doués ou à s'extraire de sa position pour en acquérir une meilleure.

LIVRE II

1.   Contre ceux qui ont le goût difficile

Quand[1] j'aurais, en naissant, reçu de Calliope[2]
Les dons qu'à ses amants cette Muse a promis,
Je les consacrerais aux mensonges d'Ésope :
Le mensonge et les vers de tout temps sont amis.
5 Mais je ne me crois pas si chéri du Parnasse
Que de savoir orner toutes ces fictions.
On peut donner du lustre à leurs inventions ;
On le peut, je l'essaie : un plus savant le fasse.
Cependant jusqu'ici d'un langage nouveau
10 J'ai fait parler le Loup et répondre l'Agneau ;
J'ai passé plus avant : les arbres et les plantes
Sont devenus chez moi créatures parlantes.
Qui ne prendrait ceci pour un enchantement[3] ?
            « Vraiment, me diront nos critiques,
10   Vous parlez magnifiquement
            De cinq ou six contes d'enfant. »
Censeurs, en voulez-vous qui soient plus authentiques

---

1. **Quand** : si.
2. **Calliope** : muse du genre le plus noble, l'épopée.
3. **Enchantement** : parole magique qui charme.

Et d'un style plus haut ? En voici : *Les Troyens*[1],
Après dix ans de guerre autour de leurs murailles,
20 *Avaient lassé les Grecs qui, par mille moyens,*
       Par mille assauts, par cent batailles,
N'avaient pu mettre à bout cette fière cité ;
Quand un cheval de bois, par Minerve inventé,
       D'un rare et nouvel artifice,
25 *Dans ses énormes flancs reçut le sage Ulysse,*
Le vaillant Diomède, Ajax l'impétueux,
       Que ce colosse monstrueux
Avec leurs escadrons devait porter dans Troie,
Livrant à leur fureur ses dieux mêmes en proie.
30 *Stratagème inouï, qui des fabricateurs*
       Paya[2] *la constance et la peine.*
– C'est assez, me dira quelqu'un de nos auteurs :
La période[3] est longue, il faut reprendre haleine ;
       Et puis votre cheval de bois,
35   Vos héros avec leurs phalanges[4],
       Ce sont des contes plus étranges
Qu'un renard qui cajole un corbeau sur sa voix ;
De plus, il vous sied[5] mal d'écrire en si haut style.
– Et bien ! baissons d'un ton. *La jalouse Amarylle*
40 *Songeait à son Alcippe, et croyait de ses soins*
N'avoir que ses moutons et son chien pour témoins.
Tircis, qui l'aperçut, se glisse entre des saules ;
Il entend la bergère adressant ces paroles
       Au doux Zéphire, et le priant

---

1. **Troyens** : siège de Troie tenu par les Grecs durant dix ans, jusqu'à ce qu'ils laissent devant les murailles un immense cheval de bois (à l'intérieur duquel s'étaient cachés Ulysse et ses compagnons) et fassent semblant d'avoir renoncé. Les Troyens, pensant avoir vaincu, introduisent le cheval dans la cité. La nuit, Ulysse sort du cheval et ouvre à son armée les portes de Troie.
2. **Payer** : récompenser.
3. **Période** : phrase complexe.
4. **Phalanges** : troupes de soldats.
5. **Il sied** : il convient.

45   *De les porter à son amant.*
    – Je vous arrête à cette rime,
    Dira mon censeur à l'instant ;
    Je ne tiens pas légitime,
    Ni d'une assez grande vertu :
50 Remettez, pour le mieux, ces deux vers à la fonte.
    – Maudit censeur ! te tairas-tu ?
    Ne saurais-je achever mon conte ?
    C'est un dessein[1] très dangereux
    Que d'entreprendre de te plaire.

55   Les délicats sont malheureux :
    Rien ne saurait les satisfaire.

2. Conseil tenu par les Rats

    Un Chat, nommé Rodilardus[2],
Faisait des rats telle déconfiture[3],
    Que l'on n'en voyait presque plus,
Tant il en avait mis dedans la sépulture.
5 Le peu qu'il en restait, n'osant quitter son trou,
Ne trouvait à manger que le quart de son soûl[4],
Et Rodilard passait, chez la gent[5] misérable,
    Non pour un chat, mais pour un diable.
    Or un jour qu'au haut et au loin
10   Le galand alla chercher femme,
Pendant tout le sabbat[6] qu'il fit avec sa dame,

---

1. **Dessein** : but.
2. **Rodilardus** : ronge-lard.
3. **Déconfiture** : défaite, débâcle.
4. **Son sou** : son soûl, autant qu'il en a envie.
5. **Gent** : espèce.
6. **Sabbat** : grand bruit.

CONSEIL TENU PAR LES RATS.

« Conseil tenu par les Rats », par Grandville.
Paris, Bibliothèque nationale.

Le demeurant[1] des Rats tint chapitre[2] en un coin
        Sur la nécessité[3] présente.
Dès l'abord, leur Doyen, personne fort prudente,
15 Opina[4] qu'il fallait, et plus tôt que plus tard,
Attacher un grelot au cou de Rodilard ;
        Qu'ainsi, quand il irait en guerre,
De sa marche avertis, ils s'enfuiraient en terre ;
        Qu'il n'y savait que ce moyen.
20 Chacun fut de l'avis de Monsieur le Doyen :
Chose ne leur parut à tous plus salutaire.
La difficulté fut d'attacher le grelot.
L'un dit : « Je n'y vas point, je ne suis pas si sot » ;
L'autre : « Je ne saurais. » Si bien que sans rien faire
25 On se quitta. J'ai maints chapitres vus,
Qui pour néant se sont ainsi tenus ;
Chapitres, non de rats, mais chapitres de moines,
        Voire chapitres de chanoines.
        Ne faut-il que délibérer,
30   La cour en conseillers foisonne ;
        Est-il besoin d'exécuter,
L'on ne rencontre plus personne.

3.   Le Loup plaidant contre le Renard par-devant le Singe

        Un Loup disait que l'on l'avait volé.
Un Renard, son voisin, d'assez mauvaise vie,
Pour ce prétendu vol par lui fut appelé[5].

---

1. **Demeurant** : le reste.
2. **Tenir chapitre** : tenir une réunion.
3. **Nécessité** : situation.
4. **Opiner** : affirmer, dire son avis.
5. **Appeler** : citer en justice.

« Le Loup plaidant contre le Renard par-devant le Singe », par J.-B. Oudry.
Paris, Bibliothèque nationale.

Devant le Singe il fut plaidé,
5 Non point par avocats, mais par chaque partie.
Thémis[1] n'avait point travaillé,
De mémoire de singe, à fait plus embrouillé.
Le magistrat suait en son lit de justice[2].
Après qu'on eut bien contesté,
10 Répliqué, crié, tempêté,
Le juge, instruit de leur malice[3],
Leur dit : « Je vous connais de longtemps[4], mes amis,
Et tous deux vous paierez l'amende :
Car toi, Loup, tu te plains, quoiqu'on ne t'ait rien pris ;
15 Et toi, Renard, as pris ce que l'on te demande. »
Le juge prétendait qu'à tort et à travers
On ne saurait manquer, condamnant un pervers.

*Quelques personnes de bon sens ont cru que l'impossibilité
et la contradiction qui est dans le jugement de ce singe était
une chose à censurer : mais je ne m'en suis servi qu'après
Phèdre ; et c'est en cela que consiste le bon mot, selon mon
avis.*

4. Les deux Taureaux et une Grenouille

Deux Taureaux combattaient à qui posséderait
Une Génisse avec l'empire[5].
Une Grenouille en soupirait.
« Qu'avez-vous ? se mit à lui dire
5 Quelqu'un du peuple croassant[6].

---

1. **Thémis** : déesse de la justice.
2. **Lit de justice** : séance du parlement de Paris où siégeait le roi.
3. **Malice** : méchanceté.
4. **De longtemps** : depuis longtemps.
5. **L'empire** : la possession (des prairies).
6. **Croassant** : coassant.

– Et ne voyez-vous pas, dit-elle,
Que la fin de cette querelle
Sera l'exil de l'un ; que l'autre, le chassant,
Le fera renoncer aux campagnes fleuries ?
10 Il ne régnera plus sur l'herbe des prairies,
Viendra dans nos marais régner sur les roseaux,
Et nous foulant aux pieds jusques au fond des eaux,
Tantôt l'une, et puis l'autre, il faudra qu'on pâtisse
Du combat qu'a causé Madame la Génisse. »

15   Cette crainte était de bon sens.
        L'un des Taureaux en leur demeure
        S'alla cacher à leurs dépens :
        Il en écrasait vingt par heure.
        Hélas ! on voit que de tout temps
20 Les petits ont pâti des sottises des grands.

5.   La Chauve-Souris et les deux Belettes

Une Chauve-Souris donna tête baissée
Dans[1] un nid de Belette ; et sitôt qu'elle y fut,
L'autre, envers les souris de longtemps courroucée,
        Pour la dévorer accourut.
5 « Quoi ? vous osez, dit-elle, à mes yeux vous produire,
Après que votre race a tâché de me nuire !
N'êtes-vous pas souris ? Parlez sans fiction.
Oui, vous l'êtes, ou bien je ne suis pas belette.
        – Pardonnez-moi, dit la pauvrette,
10   Ce n'est pas ma profession.
Moi souris ! Des méchants vous ont dit ces nouvelles.
        Grâce à l'auteur de l'univers,
        Je suis oiseau ; voyez mes ailes :

---

1. **Donner dans :** foncer dans.

Vive la gent qui fend les airs ! »
15   Sa raison plut, et sembla bonne.
Elle fait si bien qu'on lui donne
Liberté de se retirer.
Deux jours après, notre étourdie
Aveuglément se va fourrer
20 Chez une autre Belette, aux oiseaux ennemie.
La voilà derechef en danger de sa vie.
La dame du logis avec son long museau
S'en allait la croquer en qualité d'oiseau,
Quand elle protesta qu'on lui faisait outrage :
25 « Moi, pour telle passer ! Vous n'y regardez pas.
Qui fait l'oiseau ? c'est le plumage.
Je suis souris : vivent les rats !
Jupiter confonde les chats ! »
Par cette adroite repartie
30 Elle sauva deux fois sa vie.

Plusieurs se sont trouvés qui, d'écharpe[1] changeants,
Aux dangers, ainsi qu'elle, ont souvent fait la figue[2].
Le sage dit, selon les gens ;
« Vive le Roi ! Vive la Ligue ! »

6. L'Oiseau blessé d'une flèche

Mortellement atteint d'une flèche empennée[3],
Un Oiseau déplorait sa triste destinée,
Et disait, en souffrant un surcroît de douleur :
« Faut-il contribuer à son propre malheur ?

---

1. **Écharpe :** on reconnaissait les ligueurs et les partisans du roi à la couleur de leur écharpe : verte pour les premiers, blanche pour les autres.
2. **Faire la figue :** se moquer de.
3. **Empenner :** fixer des plumes sur une flèche pour qu'elle vole mieux.

5   Cruels humains ! vous tirez de nos ailes
De quoi faire voler ces machines mortelles ;
Mais ne vous moquez point, engeance sans pitié :
Souvent il vous arrive un sort comme le nôtre.
Des enfants de Japet[1] toujours une moitié
10   Fournira des armes à l'autre. »

7.   La Lice et sa Compagne

Une Lice[2] étant sur son terme[3],
Et ne sachant où mettre un fardeau si pressant,
Fait si bien qu'à la fin sa Compagne consent
De lui prêter sa hutte, où la Lice s'enferme.
5 Au bout de quelque temps sa Compagne revient.
La Lice lui demande encore une quinzaine ;
Ses petits ne marchaient, disait-elle, qu'à peine.
      Pour faire court, elle l'obtient.
Ce second terme échu, l'autre lui redemande
10   Sa maison, sa chambre, son lit.
La Lice cette fois montre les dents, et dit :
« Je suis prête à sortir avec toute ma bande,
      Si vous pouvez nous mettre hors. »
      Ses enfants étaient déjà forts.

15 Ce qu'on donne aux méchants, toujours on le regrette.
      Pour tirer d'eux ce qu'on leur prête,
      Il faut que l'on en vienne aux coups ;
      Il faut plaider, il faut combattre.
      Laissez-leur prendre un pied chez vous,
20   Ils en auront bientôt pris quatre.

---

1. **Japet** : père de Prométhée.
2. **Lice** : femelle du chien de chasse.
3. **Terme** : moment d'accoucher.

8. L'Aigle et l'Escarbot[1]

L'Aigle donnait la chasse à maître Jean Lapin,
Qui droit à son terrier s'enfuyait au plus vite.
Le trou de l'Escarbot se rencontre en chemin.
     Je laisse à penser si ce gîte
5 Était sûr ; mais où mieux ? Jean Lapin s'y blottit.
L'Aigle fondant sur lui nonobstant[2] cet asile,
     L'Escarbot intercède[3] et dit :
« Princesse des oiseaux, il vous est fort facile
D'enlever malgré moi ce pauvre malheureux ;
10 Mais ne me faites pas cet affront, je vous prie ;
Et puisque Jean Lapin vous demande la vie,
Donnez-la-lui, de grâce, ou l'ôtez à tous deux :
     C'est mon voisin, c'est mon compère[4]. »
L'oiseau de Jupiter[5], sans répondre un seul mot,
15   Choque de l'aile l'Escarbot,
     L'étourdit, l'oblige à se taire,
Enlève Jean Lapin. L'Escarbot indigné
Vole au nid de l'oiseau, fracasse en son absence
Ses œufs, ses tendres œufs, sa plus douce espérance :
20   Pas un seul ne fut épargné.
L'Aigle étant de retour, et voyant ce ménage,
Remplit le ciel de cris et, pour comble de rage,
Ne sait sur qui venger le tort qu'elle a souffert.
Elle gémit en vain : sa plainte au vent se perd.
25 Il fallut pour cet an vivre en mère affligée.
L'an suivant, elle mit son nid en lieu plus haut.
L'Escarbot prend son temps, fait faire aux œufs le saut ;

---

1. **Escarbot** : scarabée.
2. **Nonobstant** : malgré.
3. **Intercéder** : s'interposer.
4. **Compère** : ami.
5. **Oiseau de Jupiter** : l'aigle était souvent associé à Jupiter.

La mort de Jean Lapin derechef[1] est vengée.
Ce second deuil fut tel que l'écho de ces bois
30   N'en dormit de plus en six mois.
          L'oiseau qui porte Ganymède[2]
Du monarque des dieux enfin implore l'aide,
Dépose en son giron[3] ses œufs, et croit qu'en paix
Ils seront dans ce lieu ; que pour ses intérêts,
35 Jupiter se verra contraint de les défendre :
          Hardi qui les irait là prendre.
          Aussi ne les y prit-on pas.
          Leur ennemi changea de note,
Sur la robe du dieu fit tomber une crotte :
40 Le dieu la secouant jeta les œufs à bas.
          Quand l'Aigle sut l'inadvertance[4],
          Elle menaça Jupiter
D'abandonner sa cour, d'aller vivre au désert,
          De quitter toute dépendance,
45   Avec mainte autre extravagance.
          Le pauvre Jupiter se tut :
Devant son tribunal l'Escarbot comparut,
          Fit sa plainte, et conta l'affaire.
On fit entendre à l'Aigle enfin qu'elle avait tort.
50 Mais les deux ennemis ne voulant point d'accord,
Le monarque des dieux s'avisa, pour bien faire,
De transporter le temps où l'aigle fait l'amour
En une autre saison, quand la race escarbote
Est en quartier d'hiver, et, comme la marmotte,
55   Se cache et ne voit point le jour.

---

1. **Derechef** : de nouveau.
2. **Ganymède** : jeune homme transformé en aigle par Jupiter pour servir à boire à la table des dieux.
3. **Giron** : espace situé entre la ceinture et les genoux, désigné par le tablier des femmes en général ; symbole de protection.
4. **Inadvertance** : étourderie.

9. Le Lion et le Moucheron

« Va-t’en, chétif insecte, excrément de la terre ! »
   C’est en ces mots que le Lion
   Parlait un jour au Moucheron.
   L’autre lui déclara la guerre.
5 « Penses-tu, lui dit-il, que ton titre de roi
   Me fasse peur ni me soucie ?
   Un bœuf est plus puissant que toi :
   Je le mène à ma fantaisie[1]. »
   À peine il achevait ces mots
10   Que lui-même il sonna la charge,
   Fut le trompette[2] et le héros.
   Dans l’abord il se met au large ;
   Puis prend son temps, fond sur le cou
   Du Lion, qu’il rend presque fou.
15 Le quadrupède écume[3], et son œil étincelle ;
Il rugit ; on se cache, on tremble à l’environ ;
   Et cette alarme universelle
   Est l’ouvrage d’un moucheron.
Un avorton de mouche en cent lieux le harcelle :
20 Tantôt pique l’échine, et tantôt le museau,
   Tantôt entre au fond du naseau.
La rage alors se trouve à son faîte[4] montée.
L’invisible ennemi triomphe, et rit de voir
Qu’il n’est griffe ni dent en la bête irritée
25 Qui de la mettre en sang ne fasse son devoir.
Le malheureux Lion se déchire lui-même,
Fait résonner sa queue à l’entour de ses flancs,
Bat l’air, qui n’en peut mais, et sa fureur extrême

---

1. **Fantaisie** : envie, humeur.
2. **Trompette** : soldat chargé de sonner la charge et la victoire avec sa trompette.
3. **Écumer** : être très en colère.
4. **Faîte** : sommet.

« Le Lion et le Moucheron », par Gustave Doré. Paris, Bibliothèque nationale.

Le fatigue, l'abat : le voilà sur les dents.
30 L'insecte du combat se retire avec gloire :
Comme il sonna la charge, il sonne la victoire,
Va partout l'annoncer, et rencontre en chemin
            L'embuscade d'une araignée ;
            Il y rencontre aussi sa fin.

35 Quelle chose par là nous peut être enseignée ?
J'en vois deux, dont l'une est qu'entre nos ennemis
Les plus à craindre sont souvent les plus petits ;
L'autre, qu'aux grands périls tel a pu se soustraire,
            Qui périt pour la moindre affaire.

10.   L'Âne chargé d'éponges, et l'Âne chargé de sel

            Un ânier, son sceptre à la main,
            Menait, en empereur romain,
            Deux coursiers[1] à longues oreilles.
L'un, d'éponges chargé, marchait comme un courrier[2],
5   Et l'autre, se faisant prier,
            Portait, comme on dit, les bouteilles[3] :
Sa charge était de sel. Nos gaillards pèlerins,
            Par monts, par vaux, et par chemins,
Au gué d'une rivière à la fin arrivèrent,
10   Et fort empêchés[4] se trouvèrent.
L'ânier, qui tous les jours traversait ce gué-là,
            Sur l'Âne à l'éponge monta,

---

1. **Coursier :** cheval.
2. **Marcher comme un courrier :** marcher à vive allure.
3. **Porter les bouteilles :** marcher avec précaution, comme lorsqu'on porte des bouteilles.
4. **Empêché :** bloqué.

« LE LION ET LE MOUCHERON »

REPÈRES

1. Le titre de la fable est-il représentatif du récit ? Que manque-t-il ? Quel effet La Fontaine prépare-t-il ainsi ?

OBSERVATION

2. Pourquoi le moucheron déclare-t-il la guerre au lion ?

3. Relevez le champ lexical de la guerre. Auquel des deux animaux se rapporte-t-il ? Quel est l'effet recherché ?

4. Pour quelles raisons le lion est-il en rage ? Ses coups sont-ils efficaces (justifiez votre réponse) ? Quels sont les signes de cette rage ?

5. Combien de vers La Fontaine consacre-t-il à la bataille du moucheron contre le lion ? Combien à celle de l'araignée ? Justifiez la différence de longueur entre les deux récits.

6. Pourquoi le moucheron tombe-t-il dans le piège de l'araignée ? Quel est son principal trait de caractère ?

INTERPRÉTATIONS

7. La victoire sur le lion conserve-t-elle sa valeur après la mort du moucheron dans les filets de l'araignée ?

8. D'après cette fable, la puissance, la force et les succès garantissent-ils la victoire à coup sûr ? Quelle vertu La Fontaine défend-il ?

DE LA LECTURE À L'ÉCRITURE

9. En quoi le combat de David et de Goliath est-il comparable à celui du lion et du moucheron ? Recherchez dans la Bible le combat de David et de Goliath. En quoi est-il proche de celui du lion et du moucheron ?

Chassant devant lui l'autre bête,
Qui, voulant en faire à sa tête,
15   Dans un trou se précipita,
Revint sur l'eau, puis échappa ;
Car, au bout de quelques nagées,
Tout son sel se fondit si bien
Que le baudet ne sentit rien
20   Sur ses épaules soulagées.
Camarade épongier prit exemple sur lui,
Comme un mouton[1] qui va dessus la foi d'autrui.
Voilà mon Âne à l'eau ; jusqu'au col il se plonge,
        Lui, le conducteur et l'éponge.
25 Tous trois burent d'autant[2] : l'ânier et le grison

« L'Âne chargé d'éponges, et l'Âne chargé de sel »,
illustration anonyme. Collection privée.

---

1. **Comme un mouton** : allusion aux moutons de Panurge (Rabelais, *Quart Livre*, VIII) qui, voyant que l'un des leurs a été jeté à la mer par Panurge, se précipitent tous à sa suite.
2. **Boire d'autant** : boire beaucoup.

Firent à l'éponge raison.
Celle-ci devint si pesante,
Et de tant d'eau s'emplit d'abord,
Que l'Âne succombant ne put gagner le bord.
30   L'ânier l'embrassait, dans l'attente
D'une prompte et certaine mort.
Quelqu'un vint au secours : qui ce fut, il n'importe ;
C'est assez qu'on ait vu par là qu'il ne faut point
Agir chacun de même sorte.
35   J'en voulais venir à ce point.

11.   Le Lion et le Rat
12.   La Colombe et la Fourmi

Il faut, autant qu'on peut, obliger[1] tout le monde :
On a souvent besoin d'un plus petit que soi.
De cette vérité deux fables feront foi,
Tant la chose en preuves abonde.

5   Entre les pattes d'un Lion
Un Rat sortit de terre assez à l'étourdie.
Le roi des animaux, en cette occasion,
Montra ce qu'il était, et lui donna la vie.
Ce bienfait ne fut pas perdu.
10   Quelqu'un aurait-il jamais cru
Qu'un Lion d'un Rat eût affaire ?
Cependant il avint[2] qu'au sortir des forêts
Ce Lion fut pris dans des rets[3],
Dont ses rugissements ne le purent défaire.
15 Sire Rat accourut, et fit tant par ses dents

---

1. **Obliger** : satisfaire, rendre service.
2. **Avint** : advint, arriva.
3. **Rets** : filet.

Qu'une maille rongée emporta tout l'ouvrage.
        Patience et longueur de temps
        Font plus que force ni que rage.

L'autre exemple est tiré d'animaux plus petits.

20 Le long d'un clair ruisseau buvait une Colombe,
Quand sur l'eau se penchant une Fourmis[1] y tombe.
Et dans cet océan l'on eût vu la Fourmis
S'efforcer, mais en vain, de regagner la rive.
La Colombe aussitôt usa de charité :
25 Un brin d'herbe dans l'eau par elle étant jeté,
Ce fut un promontoire où la Fourmis arrive.
        Elle se sauve ; et là-dessus
Passe un certain croquant[2] qui marchait les pieds nus.
Ce croquant, par hasard, avait une arbalète.
30   Dès qu'il voit l'oiseau de Vénus[3],
Il le croit en son pot[4], et déjà lui fait fête.
Tandis qu'à le tuer mon villageois s'apprête,
        La Fourmis le pique au talon.
        Le vilain retourne la tête :
35 La Colombe l'entend, part, et tire de long[5].
Le soupé du croquant avec elle s'envole :
        Point de pigeon pour une obole[6].

---

1. **Fourmis** : graphie archaïque (édition de 1668).
2. **Croquant** : paysan.
3. **Oiseau de Vénus** : la colombe était associée à Vénus.
4. **Pot** : assiette.
5. **Tirer de long** : s'enfuir.
6. **Obole** : poids de dix grains ; infime contribution.

13.   L'Astrologue qui se laisse tomber dans un puits

Un Astrologue un jour se laissa choir[1]
Au fond d'un puits. On lui dit : « Pauvre bête,
Tandis qu'à peine à tes pieds tu peux voir,
Penses-tu lire au-dessus de ta tête ? »

5 Cette aventure en soi, sans aller plus avant,
Peut servir de leçon à la plupart des hommes.
Parmi ce que de gens sur la terre nous sommes,
        Il en est peu qui fort souvent
        Ne se plaisent d'entendre dire
10 Qu'au livre du Destin les mortels peuvent lire.
Mais ce livre, qu'Homère et les siens ont chanté,
Qu'est-ce, que le Hasard parmi l'antiquité,
        Et parmi nous la Providence ?
Or du hasard il n'est point de science :
15   S'il en était, on aurait tort
De l'appeler hasard, ni fortune, ni sort,
        Toutes choses très incertaines.
        Quant aux volontés souveraines
De Celui qui fait tout, et rien qu'avec dessein[2],
20 Qui les sait, que lui seul ? Comment lire en son sein ?
Aurait-il imprimé sur le front des étoiles
Ce que la nuit des temps enferme dans ses voiles ?
À quelle utilité ? Pour exercer l'esprit
De ceux qui de la sphère et du globe ont écrit ?
25 Pour nous faire éviter des maux inévitables ?
Nous rendre, dans les biens, de plaisir incapables ?
Et causant du dégoût pour ces biens prévenus[3],

---

1. **Choir** : tomber.
2. **Dessein** : but.
3. **Prévenir** : connaître à l'avance.

Les convertir en maux devant qu'ils soient venus ?
C'est erreur, ou plutôt c'est crime de le croire.
30 Le firmament se meut, les astres font leurs cours,
Le soleil nous luit[1] tous les jours,
Tous les jours sa clarté succède à l'ombre noire,
Sans que nous en puissions autre chose inférer
Que la nécessité de luire et d'éclairer,
35 D'amener les saisons, de mûrir les semences,
De verser sur les corps certaines influences.
Du reste, en quoi répond au sort toujours divers
Ce train toujours égal dont marche l'univers ?
Charlatans, faiseurs d'horoscope,
40 Quittez les cours des princes de l'Europe ;
Emmenez avec vous les souffleurs[2] tout d'un temps[3] :
Vous ne méritez pas plus de foi que ces gens.

Je m'emporte un peu trop : revenons à l'histoire
45 De ce spéculateur qui fut contraint de boire.
Outre la vanité de son art mensonger,
C'est l'image de ceux qui bâillent aux chimères[4],
Cependant qu'ils sont en danger,
Soit pour eux, soit pour leurs affaires.

---

1. **Luire** : éclairer.
2. **Souffleur** : alchimiste, qui souffle sur ses fourneaux.
3. **Tout d'un temps** : en même temps.
4. **Bâiller aux chimères** : rêvasser.

14. Le Lièvre et les Grenouilles

Un Lièvre en son gîte songeait
(Car que faire en un gîte, à moins que l'on ne songe ?) ;
Dans un profond ennui[1] ce Lièvre se plongeait :
Cet animal est triste, et la crainte le ronge.
5   « Les gens de naturel peureux
     Sont, disait-il, bien malheureux.
Ils ne sauraient manger morceau qui leur profite ;
Jamais un plaisir pur ; toujours assauts divers.
Voilà comment je vis : cette crainte maudite
10 M'empêche de dormir, sinon les yeux ouverts[2].
– Corrigez-vous, dira quelque sage cervelle.
     – Et la peur se corrige-t-elle ?
     Je crois même qu'en bonne foi
     Les hommes ont peur comme moi. »
15   Ainsi raisonnait notre Lièvre,
     Et cependant faisait le guet.
     Il était douteux[3], inquiet :
Un souffle, une ombre, un rien, tout lui donnait la fièvre.
     Le mélancolique animal,
20   En rêvant à cette matière,
Entend un léger bruit : ce lui fut un signal
     Pour s'enfuir devers[4] sa tanière.
Il s'en alla passer sur le bord d'un étang.
Grenouilles aussitôt de sauter dans les ondes ;

---

1. **Ennui** : chagrin.
2. **Les yeux ouverts** : on croyait que les lapins et les lièvres dormaient les yeux ouverts.
3. **Douteux** : craintif.
4. **Devers** : de.

« *Le Lièvre et les Grenouilles* », *par Maurisset.*
Paris, Bibliothèque nationale.

25 Grenouilles de rentrer en leurs grottes profondes.
« Oh ! dit-il, j'en fais faire autant
Qu'on m'en fait faire ! Ma présence
Effraie aussi les gens ! je mets l'alarme au camp !
Et d'où me vient cette vaillance ?
30 Comment ? des animaux qui tremblent devant moi !
Je suis donc un foudre de guerre !
Il n'est, je le vois bien, si poltron sur la terre
Qui ne puisse trouver un plus poltron que soi. »

15.   Le Coq et le Renard

Sur la branche d'un arbre était en sentinelle
Un vieux Coq adroit et matois.
« Frère, dit un Renard, adoucissant sa voix,
Nous ne sommes plus en querelle :
5   Paix générale cette fois.
Je viens te l'annoncer ; descends, que je t'embrasse.
Ne me retarde point, de grâce ;
Je dois faire aujourd'hui vingt postes[1] sans manquer.
Les tiens et toi pouvez vaquer,
10   Sans nulle crainte, à vos affaires ;
Nous vous y servirons en frères.
Faites-en les feux dès ce soir ;
Et cependant viens recevoir
Le baiser d'amour fraternelle.
15 — Ami, reprit le Coq, je ne pouvais jamais
Apprendre une plus douce et meilleure nouvelle
Que celle
De cette paix ;
Et ce m'est une double joie
20 De la tenir de toi. Je vois deux lévriers,

---

1. **Poste** : distance qui séparait deux maisons de poste.

Qui, je m'assure, sont courriers
Que pour ce sujet on envoie.
Ils vont vite, et seront dans un moment à nous.
Je descends, nous pourrons nous entre-baiser tous.
25 – Adieu, dit le Renard, ma traite[1] est longue à faire :
Nous nous réjouirons du succès de l'affaire
Une autre fois. » Le galant aussitôt
Tire ses grègues[2], gagne au haut,
Mal content de son stratagème ;
30 Et notre vieux Coq en soi-même
Se mit à rire de sa peur,
Car c'est double plaisir de tromper le trompeur.

16.   Le Corbeau voulant imiter l'Aigle

L'oiseau de Jupiter enlevant un mouton,
Un Corbeau, témoin de l'affaire,
Et plus faible de reins, mais non pas moins glouton,
En voulut sur l'heure autant faire.
5 Il tourne à l'entour du troupeau,
Marque entre cent moutons le plus gras, le plus beau,
Un vrai mouton de sacrifice :
On l'avait réservé pour la bouche des dieux.
Gaillard Corbeau disait, en le couvant des yeux :
10 « Je ne sais qui fut ta nourrice ;
Mais ton corps me paraît en merveilleux état :
Tu me serviras de pâture[3]. »
Sur l'animal bêlant, à ces mots, il s'abat.
La moutonnière créature
15 Pesait plus qu'un fromage ; outre que sa toison

1. **Traite** : distance.
2. **Tirer ses grègues** : s'en aller.
3. **Pâture** : nourriture.

Était d'une épaisseur extrême
Et mêlée à peu près de la même façon
     Que la barbe de Polyphème[1].
Elle empêtra si bien les serres du Corbeau
20 Que le pauvre animal ne put faire retraite.
Le berger vient, le prend, l'encage bien et beau,
Le donne à ses enfants pour servir d'amusette.

Il faut se mesurer[2], la conséquence est nette.
Mal prend aux volereaux[3] de faire les voleurs.
25   L'exemple est un dangereux leurre :
Tous les mangeurs de gens ne sont pas grands seigneurs ;
Où la guêpe a passé le moucheron demeure.

17.   Le Paon se plaignant à Junon

     Le Paon se plaignant à Junon[4].
« Déesse, disait-il, ce n'est pas sans raison
     Que je me plains, que je murmure :
     Le chant dont vous m'avez fait don
5   Déplaît à toute la nature ;
Au lieu qu'un rossignol, chétive créature,
     Forme des sons aussi doux qu'éclatants,
     Est lui seul l'honneur du printemps. »
     Junon répondit en colère :
10   « Oiseau jaloux, et qui devrais te taire,
Est-ce à toi d'envier la voix du rossignol,
Toi que l'on voit porter à l'entour de ton col
Un arc-en-ciel nué[5] de cent sortes de soies ;

---

1. **Polyphème** : cyclope.
2. **Se mesurer** : se connaître, connaître ses propres limites.
3. **Volereaux** : terme dépréciatif créé par La Fontaine.
4. **Junon** : ou Héra ; sœur de Jupiter (ou Zeus) dans la mythologie antique.
5. **Nuer** : colorer en respectant les nuances de couleurs.

Qui te panades[1], qui déploies
15 Une si riche queue, et qui semble à nos yeux
La boutique d'un lapidaire ?
Est-il quelque oiseau sous les cieux
Plus que toi capable de plaire ?
Tout animal n'a pas toutes propriétés.
20 Nous vous avons donné diverses qualités :
Les uns ont la grandeur et la force en partage ;
Le faucon est léger, l'aigle plein de courage ;
Le corbeau sert pour le présage ;
La corneille avertit des malheurs à venir ;
25 Tous sont contents de leur ramage.
Cesse donc de te plaindre, ou bien, pour te punir,
Je t'ôterai ton plumage. »

18.   La Chatte métamorphosée en Femme

Un homme chérissait éperdument sa Chatte ;
Il la trouvait mignonne, et belle, et délicate,
Qui miaulait d'un ton fort doux :
Il était plus fou que les fous.
5 Cet homme donc, par prières, par larmes,
Par sortilèges et par charmes[2],
Fait tant qu'il obtient du Destin
Que sa Chatte, en un beau matin,
Devient femme, et le matin même,
10 Maître sot en fait sa moitié.
Le voilà fou d'amour extrême,
De fou qu'il était d'amitié.
Jamais la dame la plus belle
Ne charma tant son favori

---

1. **Se panader** : parader.
2. **Charme** : enchantement, ensorcellement.

15   Que fait cette épouse nouvelle
        Son hypocondre[1] de mari.
        Il l'amadoue, elle le flatte :
        Il n'y trouve plus rien de chatte ;
        Et poussant l'erreur jusqu'au bout,
20   La croit femme en tout et partout,
    Lorsque quelques souris qui rongeaient de la natte
    Troublèrent le plaisir des nouveaux mariés.
        Aussitôt la femme est sur pieds.
        Elle manqua son aventure.
25 Souris de revenir, femme d'être en posture.
        Pour cette fois elle accourut à point,
        Car ayant changé de figure,
        Les souris ne la craignaient point.
        Ce lui fut toujours une amorce[2],
30   Tant le naturel a de force.
    Il se moque de tout, certain âge accompli.
    Le vase est imbibé, l'étoffe a pris son pli.
        En vain de son train ordinaire
        On le veut désaccoutumer :
35   Quelque chose qu'on puisse faire,
        On ne saurait le réformer.
        Coups de fourche ni d'étrivières[3]
        Ne lui font changer de manières ;
        Et fussiez-vous embâtonnés[4],
40   Jamais vous n'en serez les maîtres.
        Qu'on lui ferme la porte au nez,
        Il reviendra par les fenêtres.

----

1. **Hypocondre** : extravagant.
2. **Amorce** : attrait.
3. **Donner des coups d'étrivière** : battre.
4. **Embâtonné** : armé d'un bâton.

« La Chatte métamorphosée en Femme »

Repères

1. Quel proverbe contient la même idée que la morale de cette fable ?

Observation

2. Relevez les différentes manières de nommer l'homme. Que remarquez-vous ? Peut-on déjà deviner son intention ?

3. Recherchez dans un dictionnaire le sens du mot *éperdument*.

4. Comment la « folie » de l'homme se manifeste-t-elle ? Relevez les termes qui, dans l'évocation de la chatte, sont les signes de cette folie. Ce personnage est-il risible ? Relevez les termes qui indiquent son aveuglement.

5. Pourquoi la femme parvient-elle à attraper des souris ?

6. « Le vase est imbibé, l'étoffe a pris son pli » : que signifient ces deux images dans le contexte ?

7. Quelles sont les trois étapes du récit ?

Interprétations

8. En quoi peut-on dire que le personnage de la fable est extravagant ?

9. La leçon qu'en retire La Fontaine ne s'applique-t-elle qu'aux femmes ? Est-elle optimiste ou pessimiste ? Pourquoi ?

De la lecture à l'écriture

10. En reprenant la description amoureuse de la chatte et la surprise finale, racontez, à la place du « Maître sot », son aventure.

19.   Le Lion et l'Âne chassant

Le roi des animaux se mit un jour en tête
      De giboyer[1] : il célébrait sa fête.
Le gibier du lion, ce ne sont pas moineaux,
Mais beaux et bons sangliers, daims et cerfs bons et beaux.
5   Pour réussir dans cette affaire,
          Il se servit du ministère[2]
          De l'Âne à la voix de Stentor[3].
L'Âne à messer Lion fit office de cor.
Le Lion le posta, le couvrit de ramée,
10 Lui commanda de braire, assuré qu'à ce son
Les moins intimidés fuiraient de leur maison.
Leur troupe n'était pas encore accoutumée
      À la tempête de sa voix ;
L'air en retentissait d'un bruit épouvantable :
15 La frayeur saisissait les hôtes de ces bois ;
Tous fuyaient, tous tombaient au piège inévitable
      Où les attendait le Lion.
    « N'ai-je pas bien servi dans cette occasion ?
Dit l'Âne, en se donnant tout l'honneur de la chasse.
20 – Oui, reprit le Lion, c'est bravement crié :
Si je ne connaissais ta personne et ta race,
      J'en serais moi-même effrayé. »
L'Âne, s'il eût osé, se fût mis en colère,
Encor qu'on le raillât avec juste raison ;
25 Car qui pourrait souffrir un âne fanfaron ?
      Ce n'est pas là leur caractère.

---

1. **Giboyer** : chasser.
2. **Ministère** : service que l'on rend.
3. **Avoir une voix de stentor** : avoir une voix retentissante.

20.   Testament expliqué par Ésope

Si ce qu'on dit d'Ésope est vrai,
C'était l'oracle de la Grèce :
Lui seul avait plus de sagesse
Que tout l'Aéropage[1]. En voici pour essai
5   Une histoire des plus gentilles,
Et qui pourra plaire au lecteur.

Un certain homme avait trois filles,
Toutes trois de contraire humeur :
Une buveuse, une coquette,
10   La troisième avare parfaite.
Cet homme, par son testament,
Selon les lois municipales,
Leur laissa tout son bien par portions égales,
En donnant à leur mère tant,
15   Payable quand chacune d'elles
Ne posséderait plus sa contingente[2] part.
Le père mort, les trois femelles
Courent au testament, sans attendre plus tard
On le lit ; on tâche d'entendre
20   La volonté du testateur,
Mais en vain : car comment comprendre
Qu'aussitôt que chacune sœur
Ne possédera plus sa part héréditaire,
Il lui faudra payer sa mère ?
25   Ce n'est pas un fort bon moyen
Pour payer, que d'être sans bien.
Que voulait donc dire le père ?
L'affaire est consultée, et tous les avocats,

---

1. **Aréopage** : tribunal d'Athènes.
2. **Contingent** : incertain, fortuit.

Après avoir tourné le cas
30   En cent et cent mille manières,
Y jettent leur bonnet, se confessent vaincus,
Et conseillent aux héritières
De partager le bien sans songer au surplus.
« Quant à la somme de la veuve,
35 Voici, leur dirent-ils, ce que le conseil treuve :
Il faut que chaque sœur se charge par traité
Du tiers, payable à volonté,
Si mieux n'aime la mère en créer une rente,
Dès le décès du mort courante[1]. »
40 La chose ainsi réglée, on composa trois lots :
En l'un, les maisons de bouteille[2],
Les buffets dressés sous la treille,
La vaisselle d'argent, les cuvettes, les brocs,
Les magasins de malvoisie[3],
45 Les esclaves de bouche, et pour dire en deux mots,
L'attirail de la goinfrerie ;
Dans un autre, celui de la coquetterie :
La maison de la ville et les meubles exquis,
Les eunuques et les coiffeuses,
50   Et les brodeuses,
Les joyaux, les robes de prix ;
Dans le troisième lot, les fermes, le ménage,
Les troupeaux et le pâturage,
Valets et bêtes de labeur.
55 Ces lots faits, on jugea que le sort pourrait faire
Que peut-être pas une sœur
N'aurait ce qui lui pourrait plaire.
Ainsi chacune prit son inclination,
Le tout à l'estimation.
60 Ce fut dans la ville d'Athènes

1. **Courant** : qui a cours.
2. **Maison de bouteilles** : maison de campagne.
3. **Malvoisie** : vin de Grèce.

Que cette rencontre arriva.
Petits et grands, tout approuva
Le partage et le choix. Ésope seul trouva
Qu'après bien du temps et des peines
65   Les gens avaient pris justement
Le contre-pied du testament.
« Si le défunt vivait, disait-il, que l'Attique[1]
Aurait de reproches de lui !
Comment ! ce peuple, qui se pique
70 D'être le plus subtil des peuples d'aujourd'hui,
A si mal entendu la volonté suprême
D'un testateur[2] ? » Ayant ainsi parlé,
Il fait le partage lui-même,
Et donne à chaque sœur un lot contre son gré ;
75   Rien qui pût être convenable,
Partant rien aux sœurs d'agréable :
À la coquette, l'attirail
Qui suit les personnes buveuses ;
La biberonne[3] eut le bétail ;
80   La ménagère eut les coiffeuses.
Tel fut l'avis du Phrygien,
Alléguant qu'il n'était moyen
Plus sûr pour obliger ces filles
À se défaire de leur bien ;
85 Qu'elles se marieraient dans les bonnes familles
Quand on leur verrait de l'argent ;
Paieraient leur mère tout comptant ;
Ne posséderaient plus les effets de leur père :
Ce que disait le testament.
90 Le peuple s'étonna comme se pouvait faire
Qu'un homme seul eût plus de sens
Qu'une multitude de gens.

---

1. **Attique** : athénien.
2. **Testateur** : qui a fait son testament.
3. **Biberon** : ivrogne.

Les ressources de la versification

En s'appropriant la fable ésopique, La Fontaine a annoncé dans sa préface qu'il voulait l'« égayer ». Ce genre étant dénué de dignité aux yeux du public, il lui fallait le rehausser et lui donner une valeur, en privilégiant le récit, mais sans négliger la morale, bien sûr. Dans le second livre, comme dans tous les autres livres, les ressources de la versification, ce que La Fontaine appelle dans sa préface « la contrainte de la poésie », loin de figer le récit, lui donnent paradoxalement le tour naturel de la conversation (voir synthèse p. 188) et l'allure du conte, entre prose et poésie.

Vers l'oral

À l'usage régulier et majestueux de l'alexandrin, les poètes de salons, et La Fontaine à leur suite ont préféré le mélange des vers. On trouve sans cesse dans les *Fables* des vers de 12, 10, 8 ou 6 syllabes qui se succèdent sans ordre apparent. Le poète veut en effet éviter la monotonie et recherche les changements de mètres afin d'introduire dans la fable des déséquilibres et des variations et de dynamiser la narration.

Effets de mise en valeur

La technique des vers mêlés permet aussi à La Fontaine de mettre certains termes en valeur. Les vers 33 et 34 de la fable « Le Lion et le Moucheron » (p. 101) sont plus brefs que les douze qui les précèdent (8 contre 12 syllabes). La rapidité et la surprise provoquée par cette « embuscade » ressortent d'autant mieux que les vers qui les présentent sont isolés dans le contexte et qu'ils constituent une chute pour le poème. De même, le bilan de l'expédition punitive de l'escarbot dans le nid de l'aigle (fable 8) est mis en évidence par un seul vers, court (v. 20, 8 syllabes), encadré par des alexandrins.

Par ces libertés prises à l'égard de la métrique, La Fontaine donne à ses poèmes le rythme vif qui caractérise l'oral. Il maintient ainsi constamment en éveil l'attention du lecteur.

LIVRE TROISIESME.

FABLE PREMIERE.

Le Meufnier, fon Fils, & leur Afne.

A. M. D. M.

L'Invention des Arts eſtant un droit d'aîneſſe,
Nous devons l'Apologue à l'ancienne Grece ;
Mais ce champ ne ſe peut tellement moiſſonner,
Que les derniers venus n'y trouvent à glaner.
La Feinte eſt un pays plein de terres deſertes :

« Le Meunier, son Fils et l'Âne »,
fac-similé d'une page de l'édition des Fables de 1688
illustrée par François Chauveau (1613-1676).

LIVRE III

1. Le Meunier, son Fils et l'Âne

À M.D.M.

L'invention des arts étant un droit d'aînesse,
Nous devons l'apologue à l'ancienne Grèce ;
Mais ce champ ne se peut tellement moissonner
Que les derniers venus n'y trouvent à glaner[1].
5 La feinte est un pays plein de terres désertes ;
Tous les jours nos auteurs y font des découvertes.
Je t'en veux dire un trait assez bien inventé :
Autrefois à Racan Malherbe[2] l'a conté.
Ces deux rivaux d'Horace, héritiers de sa lyre[3],
10 Disciples d'Apollon, nos maîtres, pour mieux dire,
Se rencontrant un jour tout seuls et sans témoins
(Comme ils se confiaient leurs pensers et leurs soins),
Racan commence ainsi : « Dites-moi, je vous prie,
Vous qui devez savoir les choses de la vie,

---

1. **Glaner** : ramasser après la moisson ce que les moissonneurs ont laissé.
2. **Racan et Malherbe** : Racan est un poète contemporain de Malherbe (première moitié du XVIIᵉ siècle).
3. **Lyre** : instrument de musique pris ici au sens figuré pour désigner la poésie.

15 Qui par tous ses degrés[1] avez déjà passé,
Et que rien ne doit fuir en cet âge avancé,
À quoi me résoudrai-je ? Il est temps que j'y pense.
Vous connaissez mon bien, mon talent, ma naissance :
Dois-je dans la province établir mon séjour,
20 Prendre emploi dans l'armée, ou bien charge à la cour ?
Tout au monde est mêlé d'amertume et de charmes :
La guerre a ses douceurs, l'hymen[2] a ses alarmes.
Si je suivais mon goût, je saurais où buter[3] ;
Mais j'ai les miens, la cour, le peuple à contenter. »
25 Malherbe là-dessus : « Contenter tout le monde !
Écoutez ce récit avant que je réponde.

« J'ai lu dans quelque endroit qu'un Meunier et son Fils,
L'un vieillard, l'autre enfant, non pas des plus petits,
Mais garçon de quinze ans, si j'ai bonne mémoire,
30 Allaient vendre leur Âne, un certain jour de foire.
Afin qu'il fût plus frais et de meilleur débit[4],
On lui lia les pieds, on vous le suspendit ;
Puis cet homme et son fils le portent comme un lustre.
Pauvres gens, idiots, couple ignorant et rustre !
35 Le premier qui les vit de rire s'éclata :
« Quelle farce, dit-il, vont jouer ces gens-là ?
Le plus âne des trois n'est pas celui qu'on pense. »
Le Meunier, à ces mots, connaît son ignorance ;
Il met sur pieds sa bête et la fait détaler.
40 L'Âne, qui goûtait fort l'autre façon d'aller,
Se plaint en son patois. Le Meunier n'en a cure ;
Il fait monter son fils, il suit, et d'aventure[5]
Passent trois bons marchands. Cet objet leur déplut.

---

1. **Degré** : étape dans un apprentissage, scolaire en particulier.
2. **L'hymen** : l'amour.
3. **Buter** : viser à un but.
4. **Débit** : vente.
5. **D'aventure** : par hasard.

Le plus vieux au garçon s'écria tant qu'il put :
45 « Oh là ! oh, descendez, que l'on ne vous le dise,
Jeune homme, qui menez laquais à barbe grise,
C'était à vous de suivre, au vieillard de monter.
– Messieurs, dit le Meunier, il vous faut contenter. »
L'enfant met pied à terre, et puis le vieillard monte,
50 Quand trois filles passant, l'une dit : « C'est grand' honte
Qu'il faille voir ainsi clocher[1] le jeune Fils,
Tandis que ce nigaud, comme un évêque assis,
Fait le veau sur son Âne, et pense être bien sage.
– Il n'est, dit le Meunier, plus de veaux à mon âge :
55 Passez votre chemin, la fille, et m'en croyez. »
Après maints quolibets coup sur coup renvoyés,
L'homme crut avoir tort et mit son fils en croupe.
Au bout de trente pas, une troisième troupe
Trouve encore à gloser. L'un dit : « Ces gens sont fous !
60 Le baudet n'en peut plus ; il mourra sous leurs coups.
Hé quoi ? charger ainsi cette pauvre bourrique !
N'ont-ils point de pitié de leur vieux domestique ?
Sans doute qu'à la foire ils vont vendre sa peau.
– Parbieu ! dit le Meunier, est bien fou du cerveau
65 Qui prétend contenter tout le monde et son père.
Essayons toutefois si par quelque manière
Nous en viendrons à bout. » Ils descendent tous deux.
L'Âne se prélassant marche seul devant eux.
Un quidam les rencontre, et dit : « Est-ce la mode
70 Que Baudet aille à l'aise, et Meunier s'incommode ?
Qui de l'âne ou du maître est fait pour se lasser ?
Je conseille à ces gens de le faire enchâsser[2].
Ils usent leurs souliers et conservent leur âne.

---

1. **Clocher** : boiter.
2. **Enchâsser** : mettre une monture, monter.

Nicolas, au rebours ; car, quand il va voir Jeanne[1],
75 Il monte sur sa bête ; et la chanson le dit.
Beau trio de baudets ! » Le Meunier repartit :
« Je suis âne, il est vrai, j'en conviens, je l'avoue ;
Mais que dorénavant on me blâme, on me loue,
Qu'on dise quelque chose ou qu'on ne dise rien,
80 J'en veux faire à ma tête. » Il le fit, et fit bien.

Quant à vous, suivez Mars, ou l'Amour, ou le Prince ;
Allez, venez, courez ; demeurez en province ;
Prenez femme, abbaye, emploi, gouvernement :
Les gens en parleront, n'en doutez nullement. »

2. Les Membres et l'Estomac

Je devais par la royauté
Avoir commencé mon ouvrage :
À la voir d'un certain côté,
Messer Gaster[2] en est l'image ;
5 S'il a quelque besoin, tout le corps s'en ressent.

De travailler pour lui les Membres se lassant,
Chacun d'eux résolut de vivre en gentilhomme,
Sans rien faire, alléguant l'exemple de Gaster.
« Il faudrait, disaient-ils, sans nous qu'il vécût d'air.
10 Nous suons, nous peinons comme bêtes de somme ;
Et pour qui ? Pour lui seul ; nous n'en profitons pas :
Notre soin n'aboutit qu'à fournir ses repas.
Chômons, c'est un métier qu'il veut nous faire apprendre. »

---

1. **Nicolas et Jeanne :** prénoms de paysans dans une chanson populaire dans laquelle Nicolas dit : *adieu cruelle Jeanne/Si vous ne m'aimez pas/Je monte sur mon âne/Pour galoper au trépas.*
2. **Gaster :** l'estomac.

Ainsi dit, ainsi fait. Les Mains cessent de prendre,
15   Les Bras d'agir, les Jambes de marcher :
Tous dirent à Gaster qu'il en allât chercher.
Ce leur fut une erreur dont ils se repentirent.
Bientôt les pauvres gens tombèrent en langueur ;
Il ne se forma plus de nouveau sang au cœur ;
20 Chaque membre en souffrit, les forces se perdirent.
       Par ce moyen, les mutins virent
Que celui qu'ils croyaient oisif et paresseux
À l'intérêt commun contribuait plus qu'eux.
Ceci peut s'appliquer à la grandeur royale.
25 Elle reçoit et donne, et la chose est égale.
Tout travaille pour elle, et réciproquement
       Tout tire d'elle l'aliment.
Elle fait subsister l'artisan de ses peines,
Enrichit le marchand, gage le magistrat,
30 Maintient le laboureur, donne paie au soldat,
Distribue en cent lieux ses grâces souveraines,
       Entretient seule tout l'État.
       Menenius[1] le sut bien dire.
La commune s'allait séparer du sénat.
35 Les mécontents disaient qu'il avait tout l'empire,
Le pouvoir, les trésors, l'honneur, la dignité ;
Au lieu que tout le mal était de leur côté :
Les tributs, les impôts, les fatigues de guerre.
Le peuple hors des murs était déjà posté,
40 La plupart s'en allaient chercher une autre terre,
       Quand Menenius leur fit voir
       Qu'ils étaient aux Membres semblables,
Et par cet apologue, insigne entre les fables,
       Les ramena dans leur devoir.

---

1. **Menenius :** consul romain (503 av. J.-C.) qui avait conté cette histoire au peuple.

3.   Le Loup devenu Berger

Un Loup, qui commençait d'avoir petite part
      Aux brebis de son voisinage,
Crut qu'il fallait s'aider de la peau du renard[1]
      Et faire un nouveau personnage.
5 Il s'habille en berger, endosse un hoqueton[2],
      Fait sa houlette[3] d'un bâton,
      Sans oublier la cornemuse.
      Pour pousser jusqu'au bout la ruse,
Il aurait volontiers écrit sur son chapeau :
10 « C'est moi qui suis Guillot, berger de ce troupeau. »
      Sa personne étant ainsi faite,
Et ses pieds de devant posés sur sa houlette,
Guillot le sycophante[4] approche doucement.
Guillot, le vrai Guillot, étendu sur l'herbette,
15   Dormait alors profondément.
Son chien dormait aussi, comme aussi sa musette,
La plupart des brebis dormaient pareillement.
      L'hypocrite les laissa faire,
Et, pour pouvoir mener vers son fort[5] les brebis,
20 Il voulut ajouter la parole aux habits,
      Chose qu'il croyait nécessaire.
      Mais cela gâta son affaire :
Il ne put du pasteur[6] contrefaire la voix.
Le ton dont il parla fit retentir les bois,
25   Et découvrit tout le mystère,
      Chacun se réveille à ce son,
      Les brebis, le chien, le garçon.

---

1. **S'aider de la peau du renard** : employer la ruse.
2. **Hoqueton** : veste sans manche que portaient les bergers.
3. **Houlette** : bâton de berger.
4. **Sycophante** : trompeur.
5. **Fort** : abri d'une bête sauvage.
6. **Pasteur** : berger.

« *Le Loup devenu Berger* », par Gustave Doré.
Paris, Bibliothèque nationale.

Le pauvre Loup, dans cet esclandre[1],
Empêché par son hoqueton,
30   Ne put ni fuir ni se défendre.
Toujours par quelque endroit fourbes se laissent prendre.
Quiconque est loup agisse en loup :
C'est le plus certain de beaucoup.

4. Les Grenouilles qui demandent un Roi

Les Grenouilles se lassant
De l'état démocratique,
Par leurs clameurs firent tant
Que Jupin[2] les soumit au pouvoir monarchique.
5 Il leur tomba du ciel un Roi tout pacifique :
Ce Roi fit toutefois un tel bruit en tombant,
Que la gent marécageuse,
Gent fort sotte et fort peureuse,
S'alla cacher sous les eaux,
10   Dans les joncs, dans les roseaux,
Dans les trous du marécage,
Sans oser de longtemps regarder au visage
Celui qu'elles croyaient être un géant nouveau[3].
Or c'était un soliveau[4],
15 De qui la gravité fit peur à la première
Qui, de le voir s'aventurant,
Osa bien quitter sa tanière.
Elle approcha, mais en tremblant ;
Une autre la suivit, une autre en fit autant :
20   Il en vint une fourmilière ;

---

1. **Esclandre** : trouble.
2. **Jupin** : autre nom de Jupiter.
3. **Géant nouveau** : dans la mythologie antique, les géants ont précédé dans le temps les dieux du panthéon.
4. **Soliveau** : pièce de charpente sur laquelle on fixe les planches du plancher.

Et leur troupe à la fin se rendit familière
        Jusqu'à sauter sur l'épaule du Roi.
Le bon sire le souffre, et se tient toujours coi.
Jupin en a bientôt la cervelle rompue :
25 « Donnez-nous, dit ce peuple, un roi qui se remue. »
Le monarque des dieux leur envoie une grue[1],
        Qui les croque, qui les tue,
        Qui les gobe à son plaisir ;
        Et Grenouilles de se plaindre,
30 Et Jupin de leur dire : « Eh quoi ? votre désir
        À ses lois croit-il nous astreindre ?
        Vous avez dû premièrement
        Garder votre gouvernement ;
Mais, ne l'ayant pas fait, il vous devait suffire
35 Que votre premier roi fût débonnaire et doux :
        De celui-ci contentez-vous,
        De peur d'en rencontrer un pire. »

5.   Le Renard et le Bouc

Capitaine Renard allait de compagnie
Avec son ami Bouc des plus haut encornés :
Celui-ci ne voyait pas plus loin que son nez ;
L'autre était passé maître en fait de tromperie.
5 La soif les obligea de descendre en un puits :
        Là chacun d'eux se désaltère.
Après qu'abondamment tous deux en eurent pris,
Le Renard dit au Bouc : « Que ferons-nous, compère ?
Ce n'est pas tout de boire, il faut sortir d'ici.
10 Lève tes pieds en haut, et tes cornes aussi ;
Mets-les contre le mur : le long de ton échine.
        Je grimperai premièrement ;

---

1. **Grue** : grand oiseau.

« LES GRENOUILLES QUI DEMANDENT UN ROI »

REPÈRES

1. Quels adjectifs pourraient définir le mieux les grenouilles ?

OBSERVATION

2. Que réclament les grenouilles (justifiez votre réponse en relevant les adjectifs et les verbes qui les décrivent) ? Le poète leur donne-t-il raison ?

3. Décrivez l'arrivée du « roi tout pacifique » : est-elle digne d'une arrivée royale ? Quels indices vous permettent de répondre ? Quel effet le poète recherche-t-il ? Pourquoi le « bon sire » se tient-il « toujours coi » ?

4. Qu'évoque pour vous l'image de la « fourmilière » (v. 20) après l'évocation de la peur des grenouilles ? Pourquoi La Fontaine l'emploie-t-il ici ? Quelle idée donne-t-il des grenouilles ?

5. Pourquoi Jupin/Jupiter envoie-t-il finalement une grue ?

INTERPRÉTATIONS

6. Émettez des hypothèses sur une hiérarchie des régimes politiques d'après cette fable.

7. Si les grenouilles sont une image du peuple, quel est le conseil que donne La Fontaine aux peuples ?

DE LA LECTURE À L'ÉCRITURE

8. Rédigez une lettre de requêtes des grenouilles adressée à Jupiter.

*« Les Grenouilles qui demandent un Roi »,
gravure d'Étienne Fessard (1714-1777), d'après un dessin de Harel
pour une édition des Fables de 1778.
Paris, Bibliothèque nationale.*

<blockquote>

Puis sur tes cornes m'élevant,
À l'aide de cette machine,
15   De ce lieu-ci je sortirai,
Après quoi je t'en tirerai.
– Par ma barbe, dit l'autre, il est bon ; et je loue
Les gens bien sensés comme toi.
Je n'aurais jamais, quant à moi,
20   Trouvé ce secret, je l'avoue. »
Le Renard sort du puits, laisse son compagnon,
Et vous lui fait un beau sermon
Pour l'exhorter à patience.
« Si le ciel t'eût, dit-il, donné par excellence
25 Autant de jugement que de barbe au menton,
Tu n'aurais pas, à la légère,
Descendu dans ce puits. Or adieu : j'en suis hors ;
Tâche de t'en tirer, et fais tous tes efforts ;
Car, pour moi, j'ai certaine affaire
30 Qui ne me permet pas d'arrêter en chemin. »

En toute chose il faut considérer la fin.

</blockquote>

6.   L'Aigle, la Laie[1], et la Chatte

L'Aigle avait ses petits au haut d'un arbre creux,
La Laie au pied, la Chatte entre les deux ;
Et sans s'incommoder, moyennant ce partage,
Mères et nourrissons faisaient leur tripotage[2].
5 La Chatte détruisit par sa fourbe l'accord ;
Elle grimpa chez l'Aigle, et lui dit : « Notre mort
(Au moins de nos enfants, car c'est tout un aux mères)
Ne tardera possible guères.

---

1. **Laie** : femelle du sanglier.
2. **Tripoter** : mélanger, brouiller (terme populaire).

Voyez-vous à nos pieds fouir incessamment
10 Cette maudite Laie, et creuser une mine ?
C'est pour déraciner le chêne assurément,
Et de nos nourrissons attirer la ruine :
    L'arbre tombant, ils seront dévorés ;
      Qu'ils s'en tiennent pour assurés.
15 S'il m'en restait un seul, j'adoucirais ma plainte. »
Au partir de ce lieu, qu'elle remplit de crainte,
      La perfide descend tout droit
        À l'endroit
      Où la Laie était en gésine[1].
20   « Ma bonne amie et ma voisine,
Lui dit-elle tout bas, je vous donne un avis :
L'aigle, si vous sortez, fondra sur vos petits.
      Obligez-moi de n'en rien dire :
      Son courroux tomberait sur moi. »
25 Dans cette autre famille ayant semé l'effroi,
      La Chatte en son trou se retire.
L'Aigle n'ose sortir, ni pourvoir aux besoins
De ses petits ; la Laie encore moins :
Sottes de ne pas voir que le plus grand des soins,
30 Ce doit être celui d'éviter la famine.
À demeurer chez soi l'une et l'autre s'obstine,
Pour secourir les siens dedans l'occasion :
      L'oiseau royal, en cas de mine ;
      La Laie, en cas d'irruption.
35 La faim détruisit tout ; il ne resta personne,
De la gent marcassine et de la gent aiglonne,
      Qui n'allât de vie à trépas :
      Grand renfort pour Messieurs les Chats.

Que ne sait point ourdir[2] une langue traîtresse
40   Par sa pernicieuse adresse ?

---

1. **Être en gésine :** être en couches.
2. **Ourdir :** préparer, mettre en œuvre.

Des malheurs qui sont sortis
De la boîte de Pandore[1],
Celui qu'à meilleur droit tout l'univers abhorre,
C'est la fourbe, à mon avis.

7. L'Ivrogne et sa Femme

Chacun a son défaut, où toujours il revient :
Honte ni peur n'y remédie.
Sur ce propos, d'un conte il me souvient :
Je ne dis rien que je n'appuie
5   De quelque exemple. Un suppôt de Bacchus
Altérait sa santé, son esprit, et sa bourse.
Telles gens n'ont pas fait la moitié de leur course
Qu'ils sont au bout de leurs écus.
Un jour que celui-ci, plein du jus de la treille[2],
10   Avait laissé ses sens au fond d'une bouteille,
Sa femme l'enferma dans un certain tombeau.
Là les vapeurs du vin nouveau
Cuvèrent[3] à loisir. À son réveil il treuve
L'attirail de la mort à l'entour de son corps :
15   Un luminaire, un drap des morts.
« Oh ! dit-il, qu'est ceci ? Ma femme est-elle veuve ?
Là-dessus, son épouse, en habit d'Alecton[4],
Masquée, et de sa voix contrefaisant le ton,
Vient au prétendu mort, approche de sa bière[5],

---

1. **Boîte de Pandore :** boîte dans laquelle étaient contenus tous les maux et au fond de laquelle ne resta que l'espoir après que Pandore l'eut ouverte.
2. **Jus de la treille :** vin.
3. **Cuver :** dissiper les effets de l'alcool par le sommeil.
4. **Alecton :** dans la mythologie antique, l'une des Furies qui était chargée de poursuivre les coupables.
5. **Bière :** cercueil.

20 Lui présente un chaudeau[1] propre pour Lucifer.
L'époux alors ne doute en aucune manière
    Qu'il ne soit citoyen d'enfer.
« Quelle personne es-tu ? dit-il à ce fantôme.
    – La cellerière[2] du royaume
25 De Satan, reprit-elle ; et je porte à manger
    À ceux qu'enclôt la tombe noire. »
    Le mari repart, sans songer :
    « Tu ne leur portes point à boire ? »

8. La Goutte[3] et l'Araignée

Quand l'Enfer eut produit la Goutte et l'Araignée,
« Mes filles, leur dit-il, vous pouvez vous vanter
    D'être pour l'humaine lignée
    Également à redouter.
5 Or avisons aux lieux qu'il vous faut habiter.
    Voyez-vous ces cases étrètes[4],
Et ces palais si grands, si beaux, si bien dorés ?
Je me suis proposé d'en faire vos retraites.
    Tenez donc, voici deux bûchettes ;
10   Accommodez-vous, ou tirez[5].
– Il n'est rien, dit l'Aragne[6], aux cases qui me plaise. »
L'autre, tout au rebours, voyant les palais pleins.
    De ces gens nommés médecins,
Ne crut pas y pouvoir demeurer à son aise.

---

1. **Chaudeau :** bouillon chaud.
2. **Cellerière :** religieuse chargée dans les couvents de la garde des provisions de bouche.
3. **Goutte :** inflammation très douloureuse qui atteint surtout les pieds.
4. **Cases étrètes :** cabanes étroites.
5. **Tirer :** tirer à la courte paille.
6. **Aragne :** araignée.

15 Elle prend l'autre lot, y plante le piquet[1],
S'étend à son plaisir sur l'orteil d'un pauvre homme,
Disant : « Je ne crois pas qu'en ce poste je chomme,
Ni que d'en déloger et faire mon paquet
          Jamais Hippocrate me somme. »
20 L'Aragne cependant se campe en un lambris,
Comme si de ces lieux elle eût fait bail[2] à vie,
Travaille à demeurer : voilà sa toile ourdie,
          Voilà des moucherons de pris.
Une servante vient balayer tout l'ouvrage.
25 Autre toile tissue, autre coup de balai.
Le pauvre bestion tous les jours déménage.
          Enfin, après un vain essai,
Il va trouver la Goutte. Elle était en campagne,
          Plus malheureuse mille fois
30   Que la plus malheureuse aragne.
Son hôte la menait tantôt fendre du bois,
Tantôt fouir[3], houer[4]. Goutte bien tracassée.
          Est, dit-on, à demi pansée.
« Oh ! je ne saurais plus, dit-elle, y résister.
35 Changeons, ma sœur l'Aragne. » Et l'autre d'écouter.
Elle la prend au mot, se glisse en la cabane :
Point de coup de balai qui l'oblige à changer.
La Goutte, d'autre part, va tout droit se loger
          Chez un prélat, qu'elle condamne
40   À jamais du lit ne bouger.
Cataplasmes, Dieu sait ! Les gens n'ont point de honte
De faire aller le mal toujours de pis en pis.
L'une et l'autre trouva de la sorte son conte,
Et fit très sagement de changer de logis.

---

1. **Planter le piquet :** s'installer.
2. **Faire bail :** louer.
3. **Fouir :** creuser le sol.
4. **Houer :** labourer dans les vignes.

9. Le Loup et la Cigogne

Les Loups mangent gloutonnement.
Un Loup donc étant de frairie[1]
Se pressa, dit-on, tellement
Qu'il en pensa perdre la vie :
5 Un os lui demeura bien avant au gosier.
De bonheur pour ce Loup, qui ne pouvait crier,
Près de là passe une Cigogne.
Il lui fait signe ; elle accourt.
Voilà l'opératrice aussitôt en besogne.
10 Elle retira l'os ; puis, pour un si bon tour,
Elle demanda son salaire.
« Votre salaire ? dit le Loup :
Vous riez, ma bonne commère !
Quoi ? ce n'est pas encor beaucoup
15 D'avoir de mon gosier retiré votre cou ?
Allez, vous êtes une ingrate :
Ne tombez jamais sous ma patte. »

10. Le Lion abattu par l'Homme

On exposait une peinture
Où l'artisan avait tracé
Un lion d'immense stature
Par un seul homme terrassé.
5 Les regardants en tiraient gloire.
Un Lion en passant rabattit leur caquet.
« Je vois bien, dit-il, qu'en effet
On vous donne ici la victoire ;

---

1. **Frairie** : fête, réjouissance.

« LE LOUP ET LA CIGOGNE »

REPÈRES

1. Si l'on transposait les animaux de cette fable dans une société humaine, comment définiriez-vous leurs rapports ?

OBSERVATION

2. Qui intervient pour aider le loup ? Est-ce une attitude prévisible de la part d'une cigogne ?

3. Le premier vers de la fable fait-il partie du récit ? Quel est le temps employé ? À quoi sert, selon vous, cette entrée en matière ?

4. Quelle mésaventure le loup subit-il (v. 2-5) ? Pourquoi lui arrive-t-elle ? Repérez les trois étapes du récit.

5. Le loup pouvait-il refermer ses mâchoires sur le cou de la cigogne ? Que se serait-il alors passé ? Comment qualifier l'attitude du loup ?

INTERPRÉTATIONS

6. Au nom de quoi le loup se refuse-t-il à remercier la cigogne ? Celle-ci peut-elle protester ?

7. Quel type de relation sociale La Fontaine décrit-il dans cette fable ?

8. Quoique cette fable ne propose pas de morale claire, peut-on deviner qui est condamné par le poète ?

9. De quelle autre fable mettant aussi en scène un loup pourriez-vous rapprocher celle-ci ?

DE LA LECTURE À L'ÉCRITURE

10. Adoptez le point de vue de la cigogne pour relater cette histoire avec indignation.

Mais l'ouvrier vous a déçus[1],
10   Il avait liberté de feindre.
Avec plus de raison nous aurions le dessus,
        Si mes confrères savaient peindre. »

11.   Le Renard et les Raisins

Certain Renard gascon, d'autres disent normand,
Mourant presque de faim, vit au haut d'une treille
        Des Raisins mûrs apparemment,
        Et couverts d'une peau vermeille.
5 Le galand en eût fait volontiers un repas ,
        Mais comme il n'y pouvait atteindre :
« Ils sont trop verts, dit-il, et bons pour des goujats[2] ! »

        Fit-il pas mieux que de se plaindre ?

12.   Le Cygne et le Cuisinier

        Dans une ménagerie[3]
        De volatiles remplie
        Vivaient le Cygne et l'oison[4] :
Celui-là destiné pour les regards du maître ;
5 Celui-ci, pour son goût : l'un qui se piquait d'être
Commensal du jardin ; l'autre, de la maison.
Des fossés du château faisant leurs galeries,
Tantôt on les eût vus côte à côte nager,
Tantôt courir sur l'onde, et tantôt se plonger,

---

1. **Décevoir** : tromper.
2. **Goujat** : valet de soldat.
3. **Ménagerie** : bâtiment où l'on engraissait la volaille.
4. **Oison** : jeune oie.

10 Sans pouvoir satisfaire à leurs vaines envies.
Un jour le Cuisinier, ayant trop bu d'un coup[1],
Prit pour oison le Cygne ; et le tenant au cou,
Il allait l'égorger, puis le mettre en potage.
L'oiseau, prêt à mourir, se plaint en son ramage.
15   Le Cuisinier fut fort surpris,
         Et vit bien qu'il s'était mépris.
« Quoi ! je mettrais, dit-il, un tel chanteur en soupe !
Non, non, ne plaise aux Dieux que jamais ma main coupe
         La gorge à qui s'en sert si bien ! »

20 Ainsi dans les dangers qui nous suivent en croupe
         Le doux parler ne nuit de rien.

13.   Les Loups et les Brebis

Après mille ans et plus de guerre déclarée,
Les Loups firent la paix avecque les Brebis.
C'était apparemment le bien des deux partis ;
Car si les Loups mangeaient mainte bête égarée,
5 Les Bergers de leur peau se faisaient maints habits.
Jamais de liberté, ni pour les pâturages,
         Ni d'autre part pour les carnages :
Ils ne pouvaient jouir qu'en tremblant de leurs biens.
La paix se conclut donc : on donne des otages ;
10 Les Loups, leurs Louveteaux ; et les Brebis, leurs Chiens,
L'échange en étant fait aux formes ordinaires,
         Et réglé par des commissaires.
Au bout de quelque temps que messieurs les Louvats[2]
Se virent loups parfaits et friands de tuerie,
15 Ils vous prennent le temps que dans la bergerie

---

1. **Trop boire d'un coup :** boire un coup de trop.
2. **Louvat :** jeune loup.

Messieurs les Bergers n'étaient pas,
Étranglent la moitié des Agneaux les plus gras,
Les emportent aux dents, dans les bois se retirent.
Ils avaient averti leurs gens secrètement
20 Les Chiens, qui, sur leur foi[1] reposaient sûrement,
Furent étranglés en dormant :
Cela fut sitôt fait qu'à peine ils le sentirent.
Tout fut mis en morceaux ; un seul n'en échappa.

Nous pouvons conclure de là
25 Qu'il faut faire aux méchants guerre continuelle.
La paix est fort bonne de soi ;
J'en conviens ; mais de quoi sert-elle
Avec des ennemis sans foi ?

14. Le Lion devenu vieux

Le Lion, terreur des forêts,
Chargé d'ans et pleurant son antique prouesse[2],
Fut enfin attaqué par ses propres sujets,
Devenus forts par sa faiblesse.
5 Le cheval s'approchant lui donne un coup de pied ;
Le loup, un coup de dent ; le bœuf, un coup de corne.
Le malheureux Lion, languissant, triste et morne,
Peut à peine rugir, par l'âge estropié.
Il attend son destin, sans faire aucunes plaintes ;
10 Quand voyant l'âne même à son antre accourir :
« Ah ! c'est trop, lui dit-il ; je voulais bien mourir ;
Mais c'est mourir deux fois que souffrir tes atteintes. »

---

1. **Être sur sa foi** : être en confiance.
2. **Prouesse** : bravoure.

15. Philomèle et Progné[1]

Autrefois Progné l'hirondelle
De sa demeure s'écarta,
Et loin des villes s'emporta
Dans un bois où chantait la pauvre Philomèle.
5 « Ma sœur, lui dit Progné, comment vous portez-vous ?
Voici tantôt mille ans que l'on ne vous a vue :
Je ne me souviens point que vous soyez venue,
Depuis le temps de Thrace, habiter parmi nous.
Dites-moi que pensez-vous faire ?
10 Ne quitterez-vous point ce séjour solitaire ?
– Ah ! reprit Philomèle, en est-il de plus doux ? »
Progné lui repartit : « Eh quoi ! cette musique
Pour ne chanter qu'aux animaux
Tout au plus à quelque rustique ?
15 Le désert est-il fait pour des talents si beaux ?
Venez faire aux cités éclater leurs merveilles.
Aussi bien, en voyant les bois,
Sans cesse il vous souvient que Térée autrefois,
Parmi des demeures pareilles,
20 Exerça sa fureur sur vos divins appas.
– Et c'est le souvenir d'un si cruel outrage
Qui fait, reprit sa sœur, que je ne vous suis pas :
En voyant les hommes, hélas !
Il m'en souvient bien davantage. »

---

1. **Progné** : ou Procné. Dans la mythologie antique, épouse de Térée qui, amoureux de Philomèle, en abusa avant de lui couper la langue afin qu'elle ne révèle pas la violence qui lui avait été faite. Grâce à des broderies Philomèle put cependant informer sa sœur. Celle-ci, pour se venger, donna à Térée, à son insu, son fils à manger. Quand il l'apprit, il voulut tuer les deux sœurs qui se transformèrent pour lui échapper : en rossignol pour Philomèle, en hirondelle pour Progné.

16. La Femme noyée

Je ne suis pas de ceux qui disent : « Ce n'est rien,
        C'est une femme qui se noie. »
Je dis que c'est beaucoup ; et ce sexe vaut bien
Que nous le regrettions, puisqu'il fait notre joie.
5 Ce que j'avance ici n'est point hors de propos,
        Puisqu'il s'agit en cette fable
        D'une femme qui dans les flots
Avait fini ses jours par un sort déplorable.
        Son époux en cherchait le corps
10   Pour lui rendre, en cette aventure,
        Les honneurs de la sépulture
        Il arriva que sur les bords
        Du fleuve auteur de sa disgrâce,
Des gens se promenaient ignorants l'accident.
15   Ce mari donc leur demandant
S'ils n'avaient de sa femme aperçu nulle trace :
« Nulle, reprit l'un d'eux ; mais cherchez-la plus bas ;
        Suivez le fil de la rivière. »
Un autre repartit : « Non, ne le suivez pas ;
20   Rebroussez plutôt en arrière.
Quelle que soit la pente et l'inclination[1]
        Dont l'eau par sa course l'emporte,
        L'esprit de contradiction
        L'aura fait flotter d'autre sorte. »

25 Cet homme se raillait assez hors de saison.
        Quant à l'humeur contredisante,
        Je ne sais s'il avait raison :
        Mais que cette humeur soit ou non
        Le défaut du sexe et sa pente,
30   Quiconque avec elle naîtra

---

1. **Inclination** : inclinaison.

Sans faute avec elle mourra,
Et jusqu'au bout contredira,
Et, s'il peut, encor par-delà.

17.　La Belette entrée dans un grenier

Damoiselle Belette, au corps long et flouet[1],
Entra dans un grenier par un trou fort étroit :
      Elle sortait de maladie.
      Là, vivant à discrétion[2],
5   La galande fit chère lie[3],
      Mangea, rongea : Dieu sait la vie,
Et le lard qui périt en cette occasion !
      La voilà, pour conclusion
      Grasse, maflue[4] et rebondie.
10 Au bout de la semaine, ayant dîné son soû[5],
Elle entend quelque bruit, veut sortir par le trou,
Ne peut plus repasser, et croit s'être méprise.
      Après avoir fait quelques tours,
« C'est, dit-elle, l'endroit : me voilà bien surprise ;
15 J'ai passé par ici depuis cinq ou six jours. »
      Un Rat, qui la voyait en peine,
Lui dit : « Vous aviez lors la panse un peu moins pleine.
Vous êtes maigre entrée, il faut maigre sortir.
Ce que je vous dis là, l'on le dit à bien d'autres ;
20 Mais ne confondons point, par trop approfondir,
      Leurs affaires avec les vôtres. »

---

1. **Flouet :** fluet, mince.
2. **Vivre à discrétion :** vivre en liberté chez un hôte, sans payer ce qu'on lui doit.
3. **Faire chère lie :** faire grande chère, manger bien et beaucoup.
4. **Maflu :** large (se dit d'un visage).
5. **Dîner son soûl :** dîner à sa faim.

18.   Le Chat et un vieux Rat

J'ai lu chez un conteur de fables,
Qu'un second Rodilard[1], l'Alexandre[2] des chats,
L'Attila[3], le fléau des rats,
Rendait ces derniers misérables.
5 J'ai lu, dis-je, en certain auteur,
Que ce Chat exterminateur,
Vrai Cerbère[4], était craint une lieue à la ronde ;
Il voulait de souris dépeupler tout le monde.
Les planches qu'on suspend sur un léger appui,
10 La mort-aux-rats, les souricières,
N'étaient que jeux au prix de lui.
Comme il voit que dans leurs tanières
Les Souris étaient prisonnières,
Qu'elles n'osaient sortir, qu'il avait beau chercher,
15 Le galand fait le mort, et du haut d'un plancher[5]
Se pend la tête en bas ; la bête scélérate
À de certains cordons se tenait par la patte.
Le peuple des souris croit que c'est châtiment,
Qu'il a fait un larcin de rôt ou de fromage,
20 Égratigné quelqu'un, causé quelque dommage ;
Enfin qu'on a pendu le mauvais garnement.
Toutes, dis-je, unanimement
Se promettent de rire à son enterrement,
Mettent le nez à l'air, montrent un peu la tête,
25 Puis rentrent dans leurs nids à rats,
Puis, ressortant, font quatre pas,
Puis enfin se mettent en quête.
Mais voici bien une autre fête :

1. **Rodilard (rencontré aussi sous la forme Rodilardus)** : ronge-lard.
2. **Alexandre** : grand conquérant, modèle de général.
3. **Attila** : roi des Huns (IVe-Ve siècles) célèbre pour ses victoires.
4. **Cerbère** : dans la mythologie antique, il garde la porte des Enfers.
5. **Plancher** : plafond en planches.

Le pendu ressuscite ; et sur ses pieds tombant,
30   Attrape les plus paresseuses.
« Nous en savons plus d'un, dit-il en les gobant :
C'est tour de vieille guerre ; et vos cavernes creuses
Ne vous suaveront pas, je vous en avertis :
        Vous viendrez toutes au logis. »
35 Ils prophétisait vrai : notre maître Mitis[1]
Pour la seconde fois les trompe et les affine[2],
        Blanchit sa robe et s'enfarine ;
        Et de la sorte déguisé,
Se niche et se blottit dans une huche ouverte.
40   Ce fut à lui bien avisé :
La gent trotte-menu s'en vient chercher sa perte.
Un Rat, sans plus, s'abstient d'aller flairer autour :
C'était un vieux routier, il savait plus d'un tour ;
Même il avait perdu sa queue à la bataille.
45 « Ce bloc enfariné ne me dit rien qui vaille,
S'écria-t-il de loin au général des chats :
Je soupçonne dessous encor quelque machine[3].
        Rien ne te sert d'être farine ;
Car, quand tu serais sac, je n'approcherais pas. »

50 C'était bien dit à lui ; j'approuve sa prudence.
        Il était expérimenté,
        Et savait que la méfiance
        Est mère de la sûreté.

---

1. **Mitis** : adjectif latin qui signifie doux.
2. **Affiner** : tromper, se jouer de.
3. **Machine** : piège.

Une leçon de courage

Ce troisième livre semble affirmer la leçon de prudence donnée par le premier. Mais l'indépendance à laquelle ce dernier nous invitait s'articule désormais à un appel à persister dans nos convictions.

Une vision pessimiste

Le poète n'oublie pas de nous rappeler que la société est inexorablement envahie par le mal et par la fourberie, qui sont naturels aux hommes. Cette perception pessimiste justifie qu'il défende la prudence. Beaucoup de personnes ont une nature mauvaise qui apparaît quelles que soient les circonstances. Il nous dit en effet (ce qui est très discutable) que l'ivrogne, en toute situation, ne songe qu'à boire (7), et que la femme, toujours, est menée par « l'esprit de contradiction » (16). En outre, la figure du loup, qui incarne l'usage arbitraire et injuste de la force contre la cigogne (9), semble montrer qu'il n'existerait aucun échappatoire pour les justes, sinon dans la distance prudente.

Méfiance et indépendance

La Fontaine renouvelle ses incitations à la « méfiance » (17), à l'indépendance à l'égard du regard d'autrui dans nos choix et dans nos attitudes (1), et à la prudence, qui consiste « en toute chose » à « considérer la fin » (5). Il semble même, dans les fables 2 et 4, nous inciter à accepter le monde tel qu'il est.

L'appel à la lutte

En fait, La Fontaine conçoit la société comme un tout, où chacun dépend des autres (les sujets du roi et le roi de ses sujets). Il rappelle aussi que les fourbes sont toujours punis (3) et que la ruse d'un « doux parler » (12) peut obtenir beaucoup : la paix ne se fait pas « avec des ennemis sans foi » (13). Il ne s'agit donc pas d'une acceptation, mais d'une résistance continue au mal.

« Le Berger et la Mer »,
illustration de J.-B. Oudry (1686-1755).

LIVRE IV

1. Le Lion amoureux

À MADEMOISELLE DE SÉVIGNÉ[1]

Sévigné, de qui les attraits
Servent aux Grâces[2] de modèle,
Et qui naquîtes toute belle,
À votre indifférence près,
5 Pourriez-vous être favorable
Aux jeux innocents d'une fable,
Et voir, sans vous épouvanter,
Un lion qu'Amour sut dompter ?
Amour est un étrange maître.
10 Heureux qui peut ne le connaître
Que par récit, lui ni ses coups !
Quand on en parle devant vous,
Si la vérité vous offense,
La fable au moins se peut souffrir :
15 Celle-ci prend bien l'assurance
De venir à vos pieds s'offrir,
Par zèle et par reconnaissance.

---

1. **Mademoiselle de Sévigné** : elle était sans doute une maîtresse du roi.
2. **Grâces** : les trois Grâces sont les déesses qui incarnent le don de plaire.

Du temps que les bêtes parlaient,
Les lions entre autres voulaient
20 Être admis dans notre alliance.
Pourquoi non ? puisque leur engeance
Valait la nôtre en ce temps-là,
Ayant courage, intelligence,
Et belle hure[1] outre cela.
25 Voici comment il en alla.

Un lion de haut parentage[2],
En passant par un certain pré,
Rencontra bergère à son gré[3] :
Il la demande en mariage.
30 Le père aurait fort souhaité
Quelque gendre un peu moins terrible.
La donner lui semblait dur ;
La refuser n'était pas sûr ;
Même un refus eût fait, possible,
35 Qu'on eût vu quelque beau matin
Un mariage clandestin ;
Car outre qu'en toute manière
La belle était pour les gens fiers[4],
Fille se coiffe volontiers
40 D'amoureux à longue crinière.
Le père donc ouvertement
N'osant renvoyer notre amant,
Lui dit : « Ma fille est délicate ;
Vos griffes la pourront blesser
45 Quand vous voudrez la caresser.

---

1. **Hure :** tête du sanglier.
2. **Parentage :** parenté.
3. **À son gré :** à son goût.
4. **Fier :** hautain, orgueilleux.

Permettez donc qu'à chaque patte
On vous les rogne ; et pour les dents,
Qu'on vous les lime en même temps :
Vos baisers en seront moins rudes
50 Et pour vous plus délicieux ;
Car ma fille y répondra mieux,
Étant sans ces inquiétudes. »
Le lion consent à cela,
Tant son âme était aveuglée.
55 Sans dents ni griffes le voilà,
Comme place démantelée[1].
On lâcha sur lui quelques chiens,
Il fit fort peu de résistance.

Amour, Amour, quand tu nous tiens
60 On peut bien dire : « Adieu prudence. »

2.   Le Berger et la Mer

Du rapport d'un troupeau, dont il vivait sans soins[2],
Se contenta longtemps un voisin d'Amphitrite[3] :
        Si sa fortune était petite,
        Elle était sûre tout au moins.
5 À la fin, les trésors déchargés sur la plage
Le tentèrent si bien qu'il vendit son troupeau,
Trafiqua de l'argent, le mit entier sur l'eau.
        Cet argent périt par naufrage.
Son maître fut réduit à garder les brebis,
10 Non plus Berger en chef comme il était jadis,
Quand ses propres moutons paissaient sur le rivage :

---

1. **Place démantelée :** ville détruite.
2. **Sans soins :** sans soucis.
3. **Amphitrite :** déesse de la mer.

Celui qui s'était vu Coridon ou Tircis[1]
      Fut Pierrot[2], et rien davantage.
Au bout de quelque temps il fit quelques profits,
15   Racheta des bêtes à laine ;
Et comme un jour les vents, retenant leur haleine,
Laissaient paisiblement aborder les vaisseaux :
« Vous voulez de l'argent, ô Mesdames les Eaux,
Dit-il, adressez-vous, je vous prie, à quelque autre :
20   Ma foi ! vous n'aurez pas le nôtre. »

Ceci n'est pas un conte à plaisir inventé.
      Je me sers de la vérité
      Pour montrer, par expérience,
      Qu'un sou, quand il est assuré,
25   Vaut mieux que cinq en espérance ;
Qu'il se faut contenter de sa condition ;
Qu'aux conseils de la mer et de l'ambition
      Nous devons fermer les oreilles.
Pour un qui s'en louera, dix mille s'en plaindront.
30   La mer promet monts et merveilles :
Fiez-vous-y ; les vents et les voleurs viendront.

3. La Mouche et la Fourmi

La Mouche et la Fourmi contestaient de leur prix[3].
      « Ô Jupiter ! dit la première,
Faut-il que l'amour-propre aveugle les esprits
      D'une si terrible manière,
5   Qu'un vil et rampant animal
À la fille de l'air ose se dire égal ?

---

1. **Coridon ou Tircis :** bergers d'églogue qui possèdent leur troupeau.
2. **Pierrot :** berger de métier, paysan.
3. **Prix :** valeur.

Je hante les palais, je m'assieds à ta table :
Si l'on t'immole un bœuf, j'en goûte devant toi ;
Pendant que celle-ci, chétive et misérable,
10   Vit trois jours d'un fétu[1] qu'elle a traîné chez soi.
              Mais, ma mignonne, dites-moi,
      Vous campez-vous[2] jamais sur la tête d'un roi,
              D'un empereur, ou d'une belle ?
Je le fais ; et je baise un beau sein quand je veux ;
15   Je me joue entre des cheveux ;
Je rehausse d'un teint la blancheur naturelle ;
Et la dernière main que met à sa beauté
              Une femme allant en conquête,
C'est un ajustement des mouches emprunté.
20   Puis allez-moi rompre la tête
              De vos greniers ! – Avez-vous dit ?
              Lui répliqua la ménagère.
Vous hantez les palais ; mais on vous y maudit.
              Et quant à goûter la première
25   De ce qu'on sert devant les dieux,
              Croyez-vous qu'il en vaille mieux ?
Si vous entrez partout, aussi font les profanes[3].
Sur la tête des rois et sur celle des ânes
Vous allez vous planter, je n'en disconviens pas ;
30   Et je sais que d'un prompt trépas
Cette importunité bien souvent est punie.
Certain ajustement, dites-vous, rend jolie ;
J'en conviens : il est noir ainsi que vous et moi.
Je veux[4] qu'il ait nom mouche : est-ce un sujet pourquoi
35   Vous fassiez sonner vos mérites ?
Nomme-t-on pas aussi mouches les parasites ?
Cessez donc de tenir un langage si vain ;

---

1. **Fétu** : brin de paille.
2. **Se camper** : se poser, s'établir.
3. **Profane** : ignorant.
4. **Je veux** : j'admets.

N'ayez plus ces hautes pensées.
Les mouches[1] de cour sont chassées ;
40 Les mouchards[2] sont pendus ; et vous mourrez de faim,
De froid de langueur, de misère,
Quand Phébus[3] régnera sur un autre hémisphère.
Alors je jouirai du fruit de mes travaux,
Je n'irai, par monts ni par vaux[4],
45 M'exposer au vent, à la pluie ;
Je vivrai sans mélancolie ;
Le soin que j'aurai pris, de soin[5] m'exemptera.
Je vous enseignerai par là
Ce que c'est qu'une fausse ou véritable gloire.
50 Adieu : je perds le temps ; laissez-vous travailler ;
Ni mon grenier, ni mon armoire
Ne se remplit à babiller. »

4. Le Jardinier et son Seigneur

Un amateur du jardinage,
Demi-bourgeois, demi-manant[6],
Possédait en certain village
Un jardin assez propre, et le clos attenant.
5 Il avait de plant vif fermé cette étendue.
Là croissait[7] à plaisir l'oseille et la laitue,
De quoi faire à Margot[8] pour sa fête un bouquet,
Peu de jasmin d'Espagne, et force serpolet.
Cette félicité par un Lièvre troublée

---

1. **Mouche de cour :** espion.
2. **Mouchard :** espion de guerre.
3. **Phébus :** le soleil.
4. **Val, vaux :** vallée.
5. **Soin :** souci.
6. **Demi-manant :** à moitié paysan.
7. **Croissait :** le verbe est accordé avec un seul sujet.
8. **Margot :** prénom usuel de jeune femme.

« Le Jardinier et son Seigneur », par J.-B. Oudry.

10 Fit qu'au Seigneur du bourg notre homme se plaignit[1].
« Ce maudit animal vient prendre sa goulée[2]
Soir et matin, dit-il, et des pièges se rit ;
Les pierres, les bâtons y perdent leur crédit :
Il est sorcier, je crois. – Sorcier ? je l'en défie,
15 Repartit le Seigneur : fût-il diable, Miraut[37],
En dépit de ses tours, l'attrapera bientôt.
Je vous en déferai, bon homme, sur ma vie.
– Et quand ? – Et dès demain, sans tarder plus longtemps. »
La partie ainsi faite, il vient avec ses gens.
20 « Çà, déjeunons, dit-il : vos poulets sont-ils tendres ?
La fille du logis, qu'on vous voie, approchez :
Quand la marierons-nous ? quand aurons-nous des gendres ?
Bon homme, c'est ce coup qu'il faut, vous m'entendez,
      Qu'il faut fouiller à l'escarcelle. »
25 Disant ces mots, il fait connaissance avec elle,
      Auprès de lui la fait asseoir,
Prend une main, un bras, lève un coin du mouchoir[4],
      Toutes sottises dont la belle
      Se défend avec grand respect :
30 Tant qu'au père à la fin cela devient suspect.
Cependant on fricasse, on se rue en cuisine.
« De quand sont vos jambons ? ils ont fort bonne mine.
– Monsieur, ils sont à vous. – Vraiment, dit le Seigneur,
      Je les reçois, et de bon cœur. »
35 Il déjeune très bien ; aussi fait sa famille,
Chiens, chevaux et valets, tous gens bien endentés[5] :
Il commande chez l'hôte, y prend des libertés,
      Boit son vin, caresse sa fille.
L'embarras des chasseurs[6] succède au déjeuné.

---

1. **Se plaignit** : il n'a pas le droit de chasser, qui est réservé au seigneur.
2. **Goulée** : grande bouchée.
3. **Miraut** : nom de chien.
4. **Mouchoir** : fichu.
5. **Être bien endenté** : avoir de bonnes dents, donc avoir bon appétit.
6. **Embarras des chasseurs** : l'embarras causé par les chasseurs.

40   Chacun s'anime et se prépare :
 Les trompes et les cors font un tel tintamarre
    Que le bon homme est étonné[1].
 Le pis fut que l'on mit en piteux équipage[2]
 Le pauvre potager : adieu planches, carreaux ;
45   Adieu chicorée et porreaux[3] ;
    Adieu de quoi mettre au potage.
 Le lièvre était gîté dessous un maître chou.
 On le quête[4] ; on le lance[5] : il s'enfuit par un trou,
 Non pas trou, mais trouée, horrible et large plaie
50   Que l'on fit à la pauvre haie
 Par ordre du Seigneur ; car il eût été mal
 Qu'on n'eût pu du jardin sortir tout à cheval.
 Le bon homme disait : « Ce sont là jeux de prince. »
 Mais on le laissait dire ; et les chiens et les gens
55 Firent plus de dégât en une heure de temps
    Que n'en auraient fait en cent ans
    Tous les lièvres de la province.

 Petits princes, videz vos débats entre vous :
 De recourir aux rois vous seriez de grands fous.
60 Il ne les faut jamais engager dans vos guerres,
    Ni les faire entrer sur vos terres.

---

1. **Étonner** : frapper de stupeur, abasourdir.
2. **En piteux équipage** : en piteux état.
3. **Porreaux** : poireaux.
4. **Quêter** : chercher.
5. **Lancer** : débusquer.

5. L'Âne et le Petit Chien

Ne forçons point notre talent,
Nous ne ferions rien avec grâce :
Jamais un lourdaud, quoi qu'il fasse,
Ne saurait passer pour galant.
5 Peu de gens, que le ciel chérit et gratifie,
Ont le don d'agréer[1] infus[2] avec la vie.
C'est un point qu'il leur faut laisser,
Et ne pas ressembler à l'Âne de la fable,
Qui, pour se rendre plus aimable
10 Et plus cher à son maître, alla le caresser.
« Comment ? disait-il en son âme,
Ce Chien, parce qu'il est mignon,
Vivra de pair à compagnon
Avec Monsieur, avec Madame ;
15 Et j'aurai des coups de bâton ?
Que fait-il ? il donne la patte ;
Puis aussitôt il est baisé :
S'il en faut faire autant afin que l'on me flatte[3],
Cela n'est pas bien malaisé. »
20 Dans cette admirable pensée,
Voyant son maître en joie, il s'en vient lourdement,
Lève une corne toute usée,
La lui porte au menton fort amoureusement,
Non sans accompagner, pour plus grand ornement,
25 De son chant gracieux cette action hardie.
« Oh ! oh ! quelle caresse ! et quelle mélodie !
Dit le maître aussitôt. Holà, Martin-bâton[4] ! »
Martin-bâton accourt : l'âne change de ton.
Ainsi finit la comédie.

---

1. **Agréer avec** : être agréable.
2. **Infus** : inspiré par Dieu.
3. **Flatter** : complimenter, caresser un animal.
4. **Martin** : expression comique qui désigne un paysan ou un garçon de ferme.

6. Le combat des Rats et des Belettes

La nation des Belettes,
Non plus que celle des chats,
Ne veut aucun bien aux Rats ;
Et sans les portes étrètes[1]
5 De leurs habitations,
L'animal à longue échine
En ferait, je m'imagine,
De grandes destructions.
Or une certaine année
10 Qu'il en était à foison,
Leur roi, nommé Ratapon[2],
Mit en campagne une armée.
Les Belettes, de leur part,
Déployèrent l'étendard[3].
15 Si l'on croit la renommée,
La victoire balança
Plus d'un guéret s'engraissa
Du sang de plus d'une bande.
Mais la perte la plus grande
20   Tomba presque en tous endroits
Sur le peuple souriquois.
Sa déroute fut entière,
Quoi que put faire Artarpax,
Psicarpax, Méridarpax[4],
25 Qui, tout couverts de poussière,
Soutinrent assez longtemps
Les efforts des combattants.
Leur résistance fut vaine ;

---

1. **Étrètes** : étroites.
2. **Ratapon** : nom parodique.
3. **Déployer l'étendard** : déclarer la guerre.
4. **Artapax, Psicarpax, Méridarpax** : noms dérivés du grec qui signifient : voleur de pain, voleur de petits morceaux et voleur de miettes.

Il fallut céder au sort :
30 Chacun s'enfuit au plus fort[1],
 Tant soldat que capitaine.
 Les princes périrent tous.
 La racaille, dans des trous
 Trouvant sa retraite prête,
35 Se sauva sans grand travail ;
 Mais les seigneurs sur leur tête
 Ayant chacun un plumail[2],
 Des cornes ou des aigrettes,
 Soit comme marques d'honneur,
40 Soit afin que les Belettes
 En conçussent plus de peur,
 Cela cessa leur malheur.
 Trou, ni fente, ni crevasse
 Ne fut large assez pour eux ;
45 Au lieu que la populace
 Entrait dans les moindres creux.
 La principale jonchée[3]
 Fut donc des principaux Rats.

 Une tête empanachée[4]
50 N'est pas petit embarras.
 Le trop superbe équipage
 Peut souvent en un passage
 Causer du retardement.
 Les petits, en toute affaire,
55 Esquivent fort aisément :
 Les grands ne le peuvent faire.

---

1. **Au plus fort :** de toutes ses forces.
2. **Plumail :** petit balai de plumes.
3. **Joncher :** répandre sur le sol.
4. **Empanaché :** qui porte des plumes.

7. Le Singe et le Dauphin

C'était chez les Grecs un usage
Que sur la mer tous voyageurs
Menaient avec eux en voyage
Singes et chiens de bateleurs[1].
5   Un navire en cet équipage
Non loin d'Athènes fit naufrage ;
Sans les dauphins tout eût péri.
Cet animal est fort ami
De notre espèce : en son Histoire
10   Pline[2] le dit, il le faut croire.
Il sauva donc tout ce qu'il put.
Même un Singe, en cette occurrence,
Profitant de la ressemblance,
Lui pensa devoir son salut :
15   Un Dauphin le prit pour un homme,
Et sur son dos le fit asseoir
Si gravement qu'on eût cru voir
Ce chanteur[3] que tant on renomme.
Le Dauphin l'allait mettre à bord,
20   Quand, par hasard, il lui demande :
« Êtes-vous d'Athènes la grande ?
– Oui, dit l'autre, on m'y connaît fort ;
S'il vous y survient quelque affaire,
Employez-moi ; car mes parents
25   Y tiennent tous les premiers rangs ;
Un mien cousin est juge maire. »
Le Dauphin dit : « Bien grand merci ;
Et le Pirée a part aussi

---

1. **Bateleur** : forain, danseur sur corde.
2. **Pline** : auteur des *Histoires naturelles* qui donne plusieurs exemples de l'amitié entre les hommes et les dauphins.
3. **Chanteur** : il s'agit du personnage mythologique Arion qui, menacé par des marins, sauta à l'eau et fut sauvé par un dauphin.

À l'honneur de votre présence ?
30 Vous le voyez souvent, je pense ?
– Tous les jours : il est mon ami,
C'est une vieille connaissance. »
Notre magot prit, pour ce coup,
Le nom d'un port pour un nom d'homme.

35 De telles gens il est beaucoup
Qui prendraient Vaugirard[1] pour Rome,
Et qui, caquetants au plus dru[2],
Parlent de tout et n'ont rien vu.
Le Dauphin rit, tourne la tête,
40 Et le magot considéré,
Il s'aperçoit qu'il n'a tiré
Du fond des eaux rien qu'une bête.
Il l'y replonge, et va trouver
Quelque homme afin de le sauver.

8.   L'Homme et l'Idole de bois

Certain Païen chez lui gardait un dieu de bois,
De ces dieux qui sont sourds, bien qu'ayants des oreilles.
Le Païen cependant s'en promettait merveilles.
        Il lui coûtait autant que trois :
5   Ce n'étaient que vœux et qu'offrandes,
Sacrifices de bœufs couronnés de guirlandes.
        Jamais idole[3], quel qu'il fût,
            N'avait eu cuisine si grasse,
Sans que pour tout ce culte à son hôte il échût[4]

---

1. **Vaugirard :** village des environs de Paris au XVIIᵉ siècle.
2. **Caqueter au plus dru :** parler pour ne rien dire et beaucoup.
3. **Idole :** terme masculin.
4. **Échoir :** tomber.

10 Succession, trésor, gain au jeu, nulle grâce.
    Bien plus, si pour un sou d'orage en quelque endroit
            S'amassait d'une ou d'autre sorte,
    L'homme en avait sa part, et sa bourse en souffroit.
    La pitance du Dieu n'en était pas moins forte.
15 À la fin, se fâchant de n'en obtenir rien,
    Il vous prend un levier[1], met en pièces l'Idole,
    Le trouve rempli d'or. « Quand[2] je t'ai fait du bien,
    M'as-tu valu, dit-il, seulement une obole ?
    Va, sors de mon logis, cherche d'autres autels.
20   Tu ressembles aux naturels
            Malheureux, grossiers et stupides :
    On n'en peut rien tirer qu'avecque le bâton.
    Plus je te remplissais, plus mes mains étaient vides :
            J'ai bien fait de changer de ton. »

9. Le Geai paré des plumes du Paon

    Un Paon muait ; un Geai prit son plumage ;
            Puis après se l'accommoda ;
    Puis parmi d'autres Paons tout fier se panada,
            Croyant être un beau personnage.
5 Quelqu'un le reconnut : il se vit bafoué,
            Berné, sifflé, moqué, joué,
    Et par Messieurs les Paons plumé d'étrange sorte ;
    Même vers ses pareils s'étant réfugié,
            Il fut par eux mis à la porte.

10 Il est assez de geais à deux pieds comme lui,
    Qui se parent souvent des dépouilles d'autrui,
            Et que l'on nomme plagiaires.

---

1. **Levier** : long et gros bâton.
2. **Quand** : alors que.

Je m'en tais, et ne veux leur causer nul ennui :
                    Ce ne sont pas là mes affaires.

10.   Le Chameau et les Bâtons flottants

                    Le premier qui vit un Chameau
                    S'enfuit à cet objet nouveau ;
            Le second approcha ; le troisième osa faire
                    Un licou pour le dromadaire[1].
5   L'accoutumance ainsi nous rend tout familier.
    Ce qui nous paraissait terrible et singulier
                    S'apprivoise avec notre vue
                    Quand ce vient à la continue[2].
    Et puisque nous voici tombés sur ce sujet,
10   On avait mis des gens au guet,
    Qui, voyant sur les eaux de loin certain objet,
                    Ne purent s'empêcher de dire
                    Que c'était un puissant navire.
    Quelques moments après, l'objet devient brûlot[3],
15   Et puis nacelle, et puis ballot,
                    Enfin bâtons flottants sur l'onde.

                    J'en sais beaucoup de par le monde
                    À qui ceci conviendrait bien :
    De loin, c'est quelque chose, et de près, ce n'est rien.

---

1. **Dromadaire** : on ne distinguait pas encore parfaitement le dromadaire du chameau au XVIIᵉ siècle.
2. **À la continue** : à la longue.
3. **Brûlot** : petite embarcation que l'on embrasait et dirigeait vers un navire ennemi afin d'y mettre le feu.

11. La Grenouille et le Rat

Tel, comme dit Merlin[1], cuide[2] engeigner[3] autrui,
>   Qui souvent s'engeigne soi-même.
J'ai regret que ce mot soit trop vieux aujourd'hui :
Il m'a toujours semblé d'une énergie extrême.
5   Mais afin d'en venir au dessein que j'ai pris,
Un Rat plein d'embonpoint, gras et des mieux nourris,
Et qui ne connaissait l'Avent ni le Carême[4],
Sur le bord d'un marais égayait[5] ses esprits.
Une Grenouille approche, et lui dit en sa langue :
10   « Venez me voir chez moi, je vous ferai festin. »
>   Messire Rat promit soudain :
Il n'était pas besoin de plus longue harangue.
Elle allégua pourtant les délices du bain,
>   La curiosité, le plaisir du voyage,
15   Cent raretés à voir le long du marécage :
Un jour il conterait à ses petits-enfants
Les beautés de ces lieux, les mœurs des habitants,
Et le gouvernement de la chose publique
>   Aquatique.
20   Un point, sans plus, tenait le galand empêché :
Il nageait quelque peu, mais il fallait de l'aide.
La Grenouille à cela trouve un très bon remède :
Le Rat fut à son pied par la patte attaché ;
>   Un brinc de jonc en fit l'affaire.
25   Dans le marais entrés, notre bonne commère
S'efforce de tirer son hôte au fond de l'eau,
Contre le droit des gens, contre la foi jurée ;

---

1. **Merlin** : magicien des vieux romans bretons.
2. **Cuider** : penser en vieux français.
3. **Engeigner** : tromper en vieux français.
4. **L'Avent ni le Carême** : périodes de jeûne.
5. **Égayer** : réjouir.

Prétend qu'elle en fera gorge-chaude[1] et curée[2] ;
(C'était, à son avis, un excellent morceau.)
30 Déjà dans son esprit la galande le croque.
Il atteste les Dieux ; la perfide s'en moque.
Il résiste ; elle tire. En ce combat nouveau,
Un milan, qui dans l'air planait, faisait la ronde,
Voit d'en haut le pauvret se débattant sur l'onde.
35 Il fond dessus, l'enlève, et, par même moyen,
La Grenouille et le lien.
Tout en fut : tant et si bien
Que de cette double proie
L'oiseau se donne au cœur joie,
40 Ayant de cette façon
À souper chair et poisson.

« La Grenouille et le Rat », par Grandville. Paris, musée des Arts décoratifs.

---

1. **Gorge-chaude :** part que l'on donne aux oiseaux de proie.
2. **Curée :** part que l'on donne aux chiens du gibier qu'ils ont transporté lors de
la chasse.

La ruse la mieux ourdie
45 Peut nuire à son inventeur,
Et souvent la perfidie
Retourne sur son auteur.

12. Tribut envoyé par les Animaux à Alexandre

Une fable avait cours parmi l'antiquité,
   Et la raison ne m'en est pas connue.
Que le lecteur en tire une moralité ;
    Voici la fable toute nue.

5   La Renommée ayant dit en cent lieux
Qu'un fils de Jupiter, un certain Alexandre,
Ne voulant rien laisser de libre sous les cieux,
   Commandait que, sans plus attendre,
   Tout peuple à ses pieds s'allât rendre,
10 Quadruplés, humains, éléphants, vermisseaux,
   Les républiques des oiseaux ;
   La déesse aux cent bouches, dis-je,
   Ayant mis partout la terreur
En publiant l'édit du nouvel empereur,
15   Les Animaux, et toute espèce lige[1]
De son seul appétit, crurent que cette fois
   Il fallait subir d'autres lois.
On s'assemble au désert. Tous quittent leur tanière.
Après divers avis, on résout, on conclut
20   D'envoyer hommage et tribut[2].
   Pour l'hommage et pour la manière,
Le singe en fut chargé : l'on lui mit par écrit

---

1. **Lige :** assujetti.
2. **Tribut :** contribution, ce que l'on paie.

Ce que l'on voulait qui fût dit.
Le seul tribut les tint en peine :
25   Car que donner ? Il fallait de l'argent.
On en prit d'un prince obligeant,
Qui possédant dans son domaine
Des mines d'or, fournit ce qu'on voulut.
Comme il fut question de porter ce tribut,
30   Le mulet et l'âne s'offrirent.
Assistés du cheval ainsi que du chameau.
Tous quatre en chemin ils se mirent,
Avec le singe, ambassadeur nouveau.
La caravane enfin rencontre en un passage
35 Monseigneur le lion : cela ne leur plut point.
« Nous nous rencontrons tout à point,
Dit-il, et nous voici compagnons de voyage.
J'allais offrir mon fait à part ;
Mais bien qu'il soit léger, tout fardeau m'embarrasse.
40   Obligez-moi de me faire la grâce
Que d'en porter chacun un quart :
Ce ne vous sera pas une charge trop grande,
Et j'en serai plus libre et bien plus en état,
En cas que les voleurs attaquent notre bande,
45   Et que l'on en vienne au combat. »
Éconduire un lion rarement se pratique.
Le voilà donc admis, soulagé, bien reçu,
Et malgré le héros de Jupiter issu,
Faisant chère[1] et vivant sur la bourse publique.
50   Ils arrivèrent dans un pré
Tout bordé de ruisseaux, de fleurs tout diapré,
Où maint mouton cherchait sa vie[2] ;
Séjour du frais, véritable patrie
Des zéphirs. Le lion n'y fut pas, qu'à ces gens
55   Il se plaignit d'être malade.

---

1. **Faire chère** : faire bonne chère, bien manger.
2. **Chercher sa vie** : chercher de quoi manger.

« Continuez votre ambassade,
Dit-il ; je sens un feu qui me brûle au dedans,
Et veux chercher ici quelque herbe salutaire.
            Pour vous, ne perdez point de temps.
60 Rendez-moi mon argent, j'en puis avoir affaire. »
On déballe ; et d'abord le lion s'écria,
            D'un ton qui témoignait sa joie :
« Que de filles, ô Dieux, mes pièces de monnoie
Ont produites ! Voyez : la plupart sont déjà
65   Aussi grandes que leurs mères.
Le croît[1] m'en appartient. » Il prit tout là-dessus,
Ou bien s'il ne prit tout, il n'en demeura guères.
            Le singe et les sommiers[2] confus,
Sans oser répliquer, en chemin se remirent.
70 Au fils de Jupiter on dit qu'ils se plaignirent,
            Et n'en eurent point de raison[3].

Qu'eût-il fait ? C'eût été lion contre lion ;
Et le proverbe dit : « Corsaires à corsaires,
L'un l'autre s'attaquant, ne font pas leurs affaires. »

13.   Le Cheval s'étant voulu venger du Cerf

De tout temps les chevaux ne sont nés pour les hommes.
Lorsque le genre humain de gland se contentait,
Âne, cheval, et mule, aux forêts habitait ;
Et l'on ne voyait point, comme au siècle où nous sommes,
5   Tant de selles et tant de bâts,
            Tant de harnais pour les combats,
            Tant de chaises, tant de carrosses ;

---

1. **Croît** : ce qui a été produit.
2. **Sommier** : bête de somme.
3. **N'avoir point de raison** : ne pas avoir gain de cause.

Comme aussi ne voyait-on pas
Tant de festins et tant de noces.
10 Or un Cheval eut alors différend,
Avec un Cerf plein de vitesse ;
Et né pouvant l'attraper en courant,
Il eut recours à l'Homme, implora son adresse.
L'Homme lui mit un frein[1], lui sauta sur le dos,
15 Ne lui donna point de repos
Que le Cerf ne fût près, et n'y laissât la vie ;
Et cela fait, le Cheval remercie
L'Homme son bienfaiteur, disant : « Je suis à vous ;
Adieu : je m'en retourne en mon séjour sauvage.
20 – Non pas cela, dit l'Homme : il fait meilleur chez nous,
Je vois trop quel est votre usage.
Demeurez donc ; vous serez bien traité,
Et jusqu'au ventre en la litière. »
Hélas ! que sert la bonne chère[2]
25 Quand on n'a pas la liberté ?
Le Cheval s'aperçut qu'il avait fait folie ;
Mais il n'était plus temps ; déjà son écurie
Était prête et toute bâtie.
Il y mourut en traînant son lien :
30 Sage, s'il eût remis une légère offense.
Quel que soit le plaisir que cause la vengeance,
C'est l'acheter trop cher que l'acheter d'un bien
Sans qui les autres ne sont rien.

14. Le Renard et le Buste

Les grands, pour la plupart, sont masques de théâtre ;
Leur apparence impose[3] au vulgaire idolâtre.

---

1. **Frein :** mors du cheval.
2. **Bonne chère :** bon accueil.
3. **Imposer :** faire une forte impression, commander le respect.

L'Âne n'en sait juger que par ce qu'il en voit :
Le Renard, au contraire, à fond les examine,
5 Les tourne de tout sens ; et quand il s'aperçoit
        Que leur fait n'est que bonne mine,
Il leur applique un mot qu'un Buste de héros
        Lui fit dire fort à propos.
    C'était un Buste creux, et plus grand que nature.
10 Le Renard, en louant l'effort de la sculpture :
« Belle tête, dit-il ; mais de cervelle point. »

Combien de grands seigneurs sont bustes en ce point !

15.   Le Loup, la Chèvre et le Chevreau

La Bique, allant remplir sa traînante mamelle,
    Et paître l'herbe nouvelle,
    Ferma sa porte au loquet,
    Non sans dire à son Biquet :
5   « Gardez-vous, sur votre vie,
    D'ouvrir que l'on ne vous die,
    Pour enseigne[1] et mot du guet :
    « Foin du Loup et de sa race ! »
    Comme elle disait ces mots,
10   Le Loup de fortune passe ;
    Il les recueille à propos,
    Et les garde en sa mémoire.
    La Bique, comme on peut croire,
    N'avait pas vu le glouton.
15 Dès qu'il la voit partie, il contrefait son ton,
    Et d'une voix papelarde[2]

---

1. **Pour enseigne** : marqués que l'on se donne réciproquement pour témoigner de sa sincérité.
2. **Papelard** : hypocrite.

Il demande qu'on ouvre en disant : « Foin du Loup ! »
    Et croyant entrer tout d'un coup.
Le Biquet soupçonneux par la fente regarde :
20 « Montrez-moi patte blanche, ou je n'ouvrirai point »,
S'écria-t-il d'abord. Patte blanche est un point
Chez les loups, comme on sait, rarement en usage.
Celui-ci, fort surpris d'entendre ce langage,
Comme il était venu s'en retourna chez soi.
25 Où serait le Biquet, s'il eût ajouté foi
      Au mot du guet que de fortune
      Notre Loup avait entendu ?
      Deux sûretés valent mieux qu'une,
Et le trop en cela ne fut jamais perdu.

16.   Le Loup, la Mère et l'Enfant

      Ce Loup me remet en mémoire
Un de ses compagnons qui fut encor mieux pris :
      Il y périt. Voici l'histoire :
Un villageois avait à l'écart son logis.
5 Messer Loup attendait chape-chute[1] à la porte ;
Il avait vu sortir gibier de toute sorte,
      Veaux de lait, agneaux et brebis,
Régiments de dindons, enfin bonne provende[2].
Le larron commençait pourtant à s'ennuyer.
10   Il entend un enfant crier
      La Mère aussitôt le gourmande,
      Le menace, s'il ne se tait,
De le donner au Loup. L'animal se tient prêt,
Remerciant les dieux d'une telle aventure,
15 Quand la Mère, apaisant sa chère géniture,

---

1. **Chape-chute** : rencontre ou hasard avantageux.
2. **Provende** : provisions de vivres d'une communauté.

Lui dit : « Ne criez point ; s'il vient, nous le tuerons.
– Qu'est ceci ? s'écria le mangeur de moutons :
Dire d'un, puis d'un autre. Est-ce ainsi que l'on traite
Les gens faits comme moi ? Me prend-on pour un sot ?
20   Que quelque jour ce beau marmot
         Vienne au bois cueillir la noisette ! »
Comme il disait ces mots, on sort de la maison.
Un chien de cour l'arrête ; épieux et fourches-fières[1]
         L'ajustent[2] de toutes manières.
25 « Que veniez-vous chercher en ce lieu ? » lui dit-on.
         Aussitôt il conta l'affaire.
« Merci de moi ! lui dit la Mère ;
Tu mangeras mon Fils ? L'ai-je fait à dessein
         Qu'il assouvisse un jour ta faim ? »
30   On assomma la pauvre bête.
Un manant lui coupa le pied droit et la tête ;
Le seigneur du village à sa porte les mit,
Et ce dicton picard à l'entour fut écrit :

        « Biaux chires Leups, n'écoutez mie
35   *Mère tenchant chen fieux qui crie[3]. »*

17.   Parole de Socrate

        Socrate un jour faisant bâtir,
        Chacun censurait[4] son ouvrage.
L'un trouvait les dedans, pour ne lui point mentir,
        Indignes d'un tel personnage ;

---

1. **Fourche-fière** : fourche à deux ou trois pointes de fer utilisée pour remuer le fumier.
2. **Ajuster** : tenir en respect.
3. **Biaux chires [...] qui crie.** : « Beaux sires Loups, n'écoutez pas/Une mère tançant son fils qui crie. »
4. **Censurer** : critiquer, condamner.

5 L'autre blâmait la face[1], et tous étaient d'avis
  Que les appartements en étaient trop petits.
  Quelle maison pour lui ! l'on y tournait à peine.
        « Plût au Ciel que de vrais amis,
  Telle qu'elle est, dit-il, elle pût être pleine ! »

10   Le bon Socrate avait raison
  De trouver pour ceux-là trop grande sa maison.
  Chacun se dit ami ; mais fol qui s'y repose :
       Rien n'est plus commun que ce nom,
       Rien n'est plus rare que la chose.

18. Le Vieillard et ses Enfants

Toute puissance est faible, à moins que d'être unie.
Écoutez là-dessus l'esclave de Phrygie[2].
Si j'ajoute du mien à son invention,
C'est pour peindre nos mœurs, et non point par envie ;
5 Je suis trop au-dessous de cette ambition.
Phèdre enchérit souvent par un motif de gloire ;
Pour moi, de tels pensers me seraient malséants.
Mais venons à la fable, ou plutôt à l'histoire
De celui qui tâcha d'unir tous ses enfants.

10 Un Vieillard prêt d'aller où la mort l'appelait :
« Mes chers Enfants, dit-il (à ses fils il parlait),
Voyez si vous romprez ces dards[3] liés ensemble ;
Je vous expliquerai le nœud qui les assemble. »
L'aîné les ayant pris, et fait tous ses efforts,
15 Les rendit en disant : « Je le donne aux plus forts. »

---

1. **Face** : façade.
2. **Esclave de Phrygie** : Ésope était originaire de Phrygie.
3. **Dard** : bout de bois.

Un second lui succède, et se met en posture,
Mais en vain. Un cadet tente aussi l'aventure.
Tous perdirent leur temps, le faisceau résista ;
De ces dards joints ensemble un seul ne s'éclata.
20 « Faibles gens ! dit le Père, il faut que je vous montre
Ce que ma force peut en semblable rencontre. »
On crut qu'il se moquait, on sourit, mais à tort :
Il sépare les dards, et les rompt sans effort.
« Vous voyez, reprit-il, l'effet de la concorde.
25 Soyez joints, mes Enfants, que l'amour vous accorde. »
Tant que dura son mal, il n'eut autre discours.
Enfin se sentant prêt de terminer ses jours :
« Mes chers Enfants, dit-il, je vais où sont nos pères.
Adieu. Promettez-moi de vivre comme frères ;
30 Que j'obtienne de vous cette grâce en mourant. »
Chacun de ses trois fils l'en assure en pleurant.
Il prend à tous les mains ; il meurt ; et les trois frères
Trouvent un bien fort grand, mais fort mêlé d'affaires.
Un créancier saisit, un voisin fait procès.
35 D'abord notre trio s'en tire avec succès.
Leur amitié fut courte autant qu'elle était rare.
Le sang les avait joints, l'intérêt les sépare.
L'ambition, l'envie, avec les consultants[1],
Dans la succession entrent en même temps.
40 On en vient au partage, on conteste, on chicane.
Le juge sur cent points tour à tour les condamne.
Créanciers et voisins reviennent aussitôt,
Ceux-là sur une erreur, ceux-ci sur un défaut.
Les frères désunis sont tous d'avis contraire :
45 L'un veut s'accommoder, l'autre n'en veut rien faire.
Tous perdirent leur bien, et voulurent trop tard
Profiter de ces dards unis et pris à part.

---

1. **Consultant :** homme expérimenté que l'on consulte dans certaines affaires.

19. L'Oracle et l'Impie

Vouloir tromper le Ciel, c'est folie à la terre.
Le dédale des cœurs en ses détours n'enserre
Rien qui ne soit d'abord éclairé par les dieux :
Tout ce que l'homme fait, il le fait à leurs yeux,
5 Même les actions que dans l'ombre il croit faire.

Un Païen, qui sentait quelque peu le fagot[1],
Et qui croyait en Dieu, pour user de ce mot,
          Par bénéfice d'inventaire,
          Alla consulter Apollon.
10   Dès qu'il fut en son sanctuaire :
« Ce que je tiens, dit-il, est-il en vie ou non ? »
          Il tenait un moineau, dit-on,
          Prêt d'étouffer la pauvre bête,
          Ou de la lâcher aussitôt,
15   Pour mettre Apollon en défaut.
Apollon reconnut ce qu'il avait en tête :
« Mort ou vif, lui dit-il, montre-nous ton moineau,
          Et ne me tends plus de panneau :
Tu te trouverais mal d'un pareil stratagème.
20   Je vois de loin, j'atteins de même. »

20. L'Avare qui a perdu son Trésor

L'usage seulement fait la possession.
Je demande à ces gens de qui la passion
Est d'entasser toujours, mettre somme sur somme,
Quel avantage ils ont que n'ait pas un autre homme.

---

1. **Sentir le fagot :** être suspect d'hérésie, donc d'être brûlé sur le bûcher.

« L'Oracle et l'Impie »

Repères

1. Où est la morale de cette fable ? Que privilégie le poète : la morale ou le récit ? Argumentez votre réponse.

Observation

2. Quels sont les principaux personnages du récit ?
3. À quel terme Apollon est-il associé dans la morale ?
4. Quel est le temps verbal dans la morale ? Quel est le ton employé ?
5. Quelle est la véritable intention du « païen » (citez un vers précis) ? Que se destine-t-il à faire au moineau ? Pourquoi avoir pris un si petit animal ?
6. Apollon est-il dupe du « païen » ? Quelles paroles indiquent qu'il a découvert le « stratagème » ?

Interprétations

7. Le « païen » vous semble-t-il sympathique ? Pourquoi ?
8. Essayez de reformuler, en le développant, le dernier vers. Quel est le ton employé ?

De la lecture à l'écriture

9. Imaginez que vous êtes le « païen ». Adressez votre histoire à un ami et faites part de vos nouvelles résolutions.

5 Diogène[1] là-bas est aussi riche qu'eux,
Et l'avare ici-haut comme lui vit en gueux.
L'homme au trésor caché qu'Ésope nous propose,
        Servira d'exemple à la chose.

        Ce malheureux attendait,
10 Pour jouir de son bien, une seconde vie ;
Ne possédait pas l'or, mais l'or le possédait.
Il avait dans la terre une somme enfouie,
        Son cœur avec, n'ayant autre déduit[2]
        Que d'y ruminer jour et nuit,
15 Et rendre sa chevance[3] à lui-même sacrée.
Qu'il allât ou qu'il vînt, qu'il bût ou qu'il mangeât,
On l'eût pris de bien court, à moins qu'il ne songeât
À l'endroit où gisait cette somme enterrée.
Il y fit tant de tours qu'un fossoyeur[4] le vit,
20 Se douta du dépôt, l'enleva sans rien dire.
Notre avare, un beau jour, ne trouva que le nid.
Voilà mon homme aux pleurs ; il gémit, il soupire,
        Il se tourmente, il se déchire.
Un passant lui demande à quel sujet ses cris.
25   « C'est mon trésor que l'on m'a pris.
– Votre trésor ? où pris ? – Tout joignant[5] cette pierre.
        – Eh ! sommes-nous en temps de guerre
Pour l'apporter si loin ? N'eussiez-vous pas mieux fait
De le laisser chez vous en votre cabinet[6],
30   Que de le changer de demeure ?
Vous auriez pu sans peine y puiser à toute heure.
– À toute heure, bons dieux ! ne tient-il qu'à cela ?

___

1. **Diogène** : philosophe cynique (IVe siècle av. J.-C.) qui méprisait les richesses et les convenances sociales.
2. **Déduit** : plaisir.
3. **Chevance** : les biens.
4. **Fossoyeur** : terrassier.
5. **Joindre** : toucher, jouxter.
6. **Cabinet** : secrétaire.

L'argent vient-il comme il s'en va ?
Je n'y touchais jamais. – Dites-moi donc, de grâce,
35 Reprit l'autre, pourquoi vous vous affligez tant,
Puisque vous ne touchiez jamais à cet argent :

Mettez une pierre à la place,
Elle vous vaudra tout autant. »

21. L'œil du Maître

Un Cerf, s'étant sauvé dans une étable à Bœufs,
Fut d'abord averti par eux
Qu'il cherchât un meilleur asile.
« Mes frères, leur dit-il, ne me décelez pas[1] :
5 Je vous enseignerai les pâtis[2] les plus gras ;
Ce service vous peut quelque jour être utile,
Et vous n'en aurez point regret. »
Les Bœufs, à toutes fins, promirent le secret.
Il se cache en un coin, respire, et prend courage.
10 Sur le soir on apporte herbe fraîche et fourrage,
Comme l'on faisait tous les jours :
L'on va, l'on vient, les valets font cent tours,
L'intendant même ; et pas un, d'aventure[3],
N'aperçut ni cors, ni ramure[4],
15 Ni Cerf enfin. L'habitant des forêts
Rend déjà grâce aux Bœufs, attend dans cette étable
Que chacun retournant au travail de Cérès[5],
Il trouve pour sortir un moment favorable.

---

1. **Déceler** : livrer.
2. **Pâtis** : lieux où paissent les animaux.
3. **D'aventure** : par hasard.
4. **Ramure** : bois du cerf.
5. **Travail de Cérès** : Cérès étant la déesse mythologique de la végétation, il s'agit des moissons.

L'un des Bœufs ruminant lui dit : « Cela va bien ;
20 Mais quoi ? l'homme aux cent yeux n'a pas fait sa revue.
          Je crains fort pour toi sa venue ;
      Jusque-là, pauvre Cerf, ne te vante de rien. »
      Là-dessus, le Maître entre, et vient faire sa ronde.
          « Qu'est ceci ? dit-il à son monde.
25 Je trouve bien peu d'herbe en tous ces râteliers ;
      Cette litière est vieille : allez vite aux greniers ;
      Je veux voir désormais vos bêtes mieux soignées.
      Que coûte-t-il d'ôter toutes ces araignées ?
      Ne saurait-on ranger ces jougs et ces colliers ? »
30 En regardant à tout, il voit une autre tête
      Que celles qu'il voyait d'ordinaire en ce lieu.
      Le Cerf est reconnu : chacun prend un épieu ;
          Chacun donne un coup à la bête.
      Ses larmes ne sauraient la sauver du trépas.
35 On l'emporte, on la sale, on en fait maint repas,
          Dont maint voisin s'éjouit[1] d'être.

      Phèdre sur ce sujet dit fort élégamment :
          Il n'est, pour voir, que l'œil du Maître.
      Quant à moi, j'y mettrais encor l'œil de l'amant.

22. L'Alouette et ses Petits
avec le Maître d'un champ

Ne t'attends qu'à toi seul : c'est un commun proverbe.
          Voici comme Ésope le mit
          En crédit[2] :

---

1. **S'éjouir** : se réjouir.
2. **Mettre en crédit** : rendre croyable.

Les alouettes font leur nid

5   Dans les blés, quand ils sont en herbe,

C'est-à-dire environ le temps

Que tout aime et que tout pullule dans le monde,

Monstres marins au fond de l'onde,

Tigres dans les forêts, alouettes aux champs.

10   Une pourtant de ces dernières

Avait laissé passer la moitié d'un printemps

Sans goûter le plaisir des amours printanières.

À toute force enfin elle se résolut

D'imiter la nature, et d'être mère encore.

15   Elle bâtit un nid, pond, couve, et fait éclore,

À la hâte : le tout alla du mieux qu'il put.

Les blés d'alentour mûrs avant que la nitée[1]

Se trouvât assez forte encor

Pour voler et prendre l'essor,

20   De mille soins divers l'Alouette agitée

S'en va chercher pâture, avertit ses enfants

D'être toujours au guet et faire sentinelle.

« Si le possesseur de ces champs

Vient avecque son fils, comme il viendra, dit-elle,

25   Écoutez-bien : selon ce qu'il dira,

Chacun de nous décampera. »

Sitôt que l'Alouette eut quitté sa famille,

Le possesseur du champ vient avecque son fils.

« Ces blés sont mûrs, dit-il : allez chez nos amis

30   Les prier que chacun, apportant sa faucille,

Nous vienne aider demain dès la pointe du jour. »

Notre Alouette de retour

Trouve en alarme sa couvée.

L'un commence : « Il a dit que, l'aurore levée,

35   L'on fît venir demain ses amis pour l'aider.

– S'il n'a dit que cela, repartit l'Alouette,

---

1. **Nitée** : nichée.

*« L'Alouette et ses Petits avec le Maître d'un champ »,
gravure de Ligny d'après un dessin de Gustave Doré
pour une édition des* Fables *de 1868.*

Rien ne nous presse encor de changer de retraite,
Mais c'est demain qu'il faut tout de bon écouter.
Cependant soyez gais ; voilà de quoi manger. »
40 Eux repus, tout s'endort, les petits et la mère.
L'aube du jour arrive, et d'amis point du tout.
L'Alouette à l'essor[1], le Maître s'en vient faire
      Sa ronde ainsi qu'à l'ordinaire.
« Ces blés ne devraient pas, dit-il, être debout.
45 Nos amis ont grand tort, et tort qui se repose
Sur de tels paresseux, à servir ainsi lents.
      Mon fils, allez chez nos parents
      Les prier de la même chose. »
L'épouvante est au nid plus forte que jamais.
50 « Il a dit ses parents, mère, c'est à cette heure...
      – Non, mes enfants ; dormez en paix :
      Ne bougeons de notre demeure. »
L'Alouette eut raison ; car personne ne vint.
Pour la troisième fois, le Maître se souvint
55 De visiter ses blés. « Notre erreur est extrême,
Dit-il, de nous attendre à d'autres gens que nous.
Il n'est meilleur ami ni parent que soi-même.
Retenez bien cela, mon fils. Et savez-vous
Ce qu'il faut faire ? Il faut qu'avec notre famille
60 Nous prenions dès demain chacun une faucille :
C'est là notre plus court ; et nous achèverons
      Notre moisson quand nous pourrons. »
Dès lors que ce dessein fut su de l'Alouette :
« C'est ce coup qu'il est bon de partir, mes enfants. »
65   Et les petits, en même temps,
      Voletants, se culebutants,
      Délogèrent tous sans trompette.

---

1. **Essor** : vol de l'oiseau.

La fable et la conversation

Du fait du public mondain auquel elles sont destinées, mais sans doute aussi de leur appartenance à un genre léger, les *Fables* empruntent à la conversation certains de ses aspects. Elles héritent ainsi d'une apparence de complicité enjouée entre le poète et le lecteur, complicité qui est bien celle de la conversation.

Présence du fabuliste

Le narrateur intervient très souvent pour dire quelques mots. Dans tous les cas, il se manifeste en tant que personne qui parle et narre, comme s'il animait une conversation, ou y participait. Il éclaire son propos : « Je blâme ici plus de gens qu'on ne pense » (I, 19, v. 19) ; se justifie comme devant un auditoire : « Ce que j'avance ici n'est point hors de propos » (III, 16, v. 17) ; ou insère discrètement son point de vue sur une situation : « à mon avis » (III, 6, v. 44), comme s'il nous parlait vraiment. Cet effet est naturellement renforcé par les innombrables conversations qu'il nous présente entre les animaux, les dieux et les humains.

Présence des lecteurs et confidence

De plus, en recourant au pronom « nous » et au possessif « notre », en employant le présent de vérité générale, et en posant des questions, La Fontaine fait comme si son lecteur participait à une conversation. Ainsi, par exemple, il évoque « notre lièvre » (II, 15, v. 15) et affirme que « nous pouvons conclure »(v. 24) ensemble « Les Loups et les Brebis »(III, 13). De plus, l'emploi du présent de vérité générale implique une connivence avec le lecteur, comme s'il partageait naturellement l'opinion délivrée par la sentence : « la méfiance / Est mère de la sûreté » (III, 18, v. 52-53). Enfin, il arrive que le lecteur soit pris à parti par une question : « Fit-il pas mieux que de se plaindre ? » (III, 11, v. 8), comme s'il se trouvait dans la même pièce que l'énonciateur. D'ailleurs, le poète s'exprime parfois de manière intime et nous révèle son goût affirmé pour les femmes : « ce sexe vaut bien / Que nous le regrettions puisqu'il fait notre joie » (III, 16, v. 3-4), comme dans le cadre familier d'une confidence personnelle !

Ainsi, sans être une vraie conversation, la fable repose sur les usages de celle-ci, et c'est sans doute l'une des raisons de son succès. Sans gravité, toute de bonne humeur, ingénieuse et souvent drôle, la fable ne pouvait en effet que séduire les lettrés et les amateurs de conversations galantes.

« Le Bucheron et Mercure ».
Illustration de J.-B. Oudry (1686-1755).

LIVRE V

1. Le Bûcheron et Mercure

À M.L.C.D.B.

Votre goût a servi de règle à mon ouvrage :
J'ai tenté les moyens d'acquérir son suffrage[1].
Vous voulez qu'on évite un soin trop curieux[2],
Et des vains ornements l'effort ambitieux ;
5 Je le veux comme vous : cet effort ne peut plaire.
Un auteur gâte tout quand il veut trop bien faire.
Non qu'il faille bannir certains traits délicats :
Vous les aimez, ces traits, et je ne les hais pas.
Quant au principal but qu'Ésope se propose,
10   J'y tombe au moins mal que je puis.
Enfin, si dans ces vers je ne plais et n'instruis,
Il ne tient pas à moi ; c'est toujours quelque chose.
        Comme la force est un point
        Dont je ne me pique point[3],
15 Je tâche d'y tourner le vice en ridicule,
Ne pouvant l'attaquer avec des bras d'Hercule.

---

1. **J'ai tenté les moyen d'acquérir son suffrage** : j'ai essayé de plaire à votre goût.
2. **Un soin trop curieux** : une attention trop scrupuleuse.
3. **Se piquer de** : se flatter de.

C'est là tout mon talent ; je ne sais s'il suffit.
        Tantôt je peins en un récit
La sotte vanité jointe avecque l'envie,
20 Deux pivots sur qui roule aujourd'hui notre vie :
        Tel est ce chétif animal
Qui voulut en grosseur au bœuf se rendre égal.
J'oppose quelquefois, par une double image,
Le vice à la vertu, la sottise au bon sens,
25   Les agneaux aux loups ravissants,
La mouche à la fourmi ; faisant de cet ouvrage
Une ample comédie à cent actes divers,
        Et dont la scène est l'univers.
Hommes, dieux, animaux, tout y fait quelque rôle,
30 Jupiter comme un autre. Introduisons celui
Qui porte de sa part aux belles la parole :
Ce n'est pas de cela qu'il s'agit aujourd'hui.

Un Bûcheron perdit son gagne-pain,
C'est sa cognée[1] ; et la cherchant en vain,
35 Ce fut pitié là-dessus de l'entendre.
Il n'avait pas des outils à revendre ;
Sur celui-ci roulait[2] tout son avoir.
Ne sachant donc où mettre son espoir,
Sa face était de pleurs toute baignée :
40 « Ô ma cognée ; ô ma pauvre cognée !
S'écriait-il : Jupiter, rends-la-moi,
Je tiendrai l'être encore un coup de toi. »
Sa plainte fut de l'Olympe[3] entendue.
Mercure[4] vient. « Elle n'est pas perdue,
45 Lui dit ce dieu ; la connaîtras-tu[5] bien ?

---

1. **Cognée** : hache.
2. **Rouler sur** : consister en.
3. **Olympe** : lieu où résident les dieux de la mythologie antique.
4. **Mercure** : messager de Jupiter.
5. **Connaître** : reconnaître.

Je crois l'avoir près d'ici rencontrée. »
Lors une d'or à l'homme étant montrée,
Il répondit : « Je n'y demande rien. »
Une d'argent succède à la première,
50   Il la refuse ; enfin une de bois :
« Voilà, dit-il, la mienne cette fois ;
Je suis content si j'ai cette dernière.
– Tu les auras, dit le dieu, toutes trois :
Ta bonne foi sera récompensée.
55   – En ce cas-là je les prendrai », dit-il.
L'histoire en est aussitôt dispersée[1] ;
Et boquillons[2] de perdre leur outil,
Et de crier pour se le faire rendre.
Le roi des dieux ne sait auquel entendre[3].
60   Son fils Mercure aux criards vient encor ;
À chacun d'eux il en montre une d'or.
Chacun eût cru passer pour une bête
De ne pas dire aussitôt : « La voilà ! »
Mercure, au lieu de donner celle-là,
65   Leur en décharge un grand coup sur la tête.

Ne point mentir, être content du sien,
C'est le plus sûr : cependant on s'occupe
À dire faux pour attraper du bien.
Que sert cela ? Jupiter n'est pas dupe.

‒ 2.   Le Pot de terre et le Pot de fer

Le Pot de fer proposa
Au Pot de terre un voyage.

---

1. **Disperser** : répandre, divulguer.
2. **Boquillon** : bûcheron.
3. **Entendre à** : entendre.

Celui-ci s'en excusa[1],
Disant qu'il ferait que sage[2]
5 De garder le coin du feu ;
Car il lui fallait si peu,
Si peu, que la moindre chose
De son débris[3] serait cause :
Il n'en reviendrait morceau.
10 « Pour vous, dit-il, dont la peau
Est plus dure que la mienne,
Je ne vois rien qui vous tienne.
– Nous vous mettrons à couvert,
Repartit le Pot de fer :
15 Si quelque matière dure

« Le Pot de terre et le Pot de fer »,
gravure de Pierre-François Godard (1768-1838).
Bibliothèque nationale, Paris.

1. **S'excuser :** décliner une invitation.
2. **Il ferait que sage :** il ferait sagement
3. **Son débris :** sa destruction.

Vous menace d'aventure,
Entre deux je passerai,
Et du coup vous sauverai. »
Cette offre le persuade.
20 Pot de fer son camarade
Se met droit à ses côtés.
Mes gens s'en vont à trois pieds,
Clopin-clopant comme ils peuvent,
L'un contre l'autre jetés
25 Au moindre hoquet[1] qu'ils treuvent.
Le Pot de terre en souffre ; il n'eut pas fait cent pas
Que par son compagnon il fut mis en éclats,
          Sans qu'il eût lieu de se plaindre.

Ne nous associons qu'avecque nos égaux,
30   Ou bien il nous faudra craindre
          Le destin d'un de ces pots.

3.   Le Petit Poisson et le Pêcheur

          Petit Poisson deviendra grand,
          Pourvu que Dieu lui prête vie ;
          Mais le lâcher en attendant,
          Je tiens pour moi que c'est folie :
5 Car de le rattraper il n'est pas trop certain.

Un Carpeau[2], qui n'était encore que fretin[3],
Fut pris par un Pêcheur au bord d'une rivière.
« Tout fait nombre, dit l'homme en voyant son butin ;
Voilà commencement de chère et de festin :

---

1. **Hoquet** : obstacle, cahot.
2. **Carpeau** : jeune carpe, d'où le terme carpillon, au vers 11.
3. **Fretin** : poisson que les pêcheurs rejettent à l'eau parce qu'il est trop petit.

10   Mettons-le en notre gibecière. »
Le pauvre Carpillon lui dit en sa manière :
« Que ferez-vous de moi ? Je ne saurais fournir
        Au plus d'une demi-bouchée.
        Laissez-moi carpe devenir :
15   Je serai par vous repêchée ;
Quelque gros partisan[1] m'achètera bien cher :
        Au lieu qu'il vous en faut chercher
        Peut-être encor cent de ma taille
Pour faire un plat : quel plat ? croyez-moi, rien qui vaille.
20 – Rien qui vaille ? Eh bien ! soit, repartit le Pêcheur :
Poisson, mon bel ami, qui faites le prêcheur,
Vous irez dans la poêle ; et vous avez beau dire,
        Dès ce soir on vous fera frire. »

Un Tiens vaut, ce dit-on, mieux que deux Tu l'auras :
25   L'un est sûr, l'autre ne l'est pas.

4.   Les Oreilles du Lièvre

Un animal cornu blessa de quelques coups
        Le Lion, qui plein de courroux,
        Pour ne plus tomber en la peine,
        Bannit des lieux de son domaine
5 Toute bête portant des cornes à son front.
Chèvres, béliers, taureaux aussitôt délogèrent ;
        Daims et cerfs de climat changèrent :
        Chacun à s'en aller fut prompt.
Un lièvre, apercevant l'ombre de ses oreilles,
10   Craignit que quelque inquisiteur
N'allât interpréter à cornes leur longueur,

---

1. **Partisan :** financier qui avançait à l'État l'argent des impôts et se chargeait de les faire payer, s'enrichissant au passage.

Ne les soutînt en tout à des cornes pareilles.
« Adieu, voisin grillon, dit-il, je pars d'ici :
Mes oreilles enfin seraient cornes aussi ;
15 Et quand je les aurais plus courtes qu'une autruche,
Je craindrais même encor. » Le grillon repartit :
      « Cornes cela ? Vous me prenez pour cruche[1] ;
      Ce sont oreilles que Dieu fit.
      – On les fera passer pour cornes,
20 Dit l'animal craintif, et cornes de licornes.
J'aurai beau protester ; mon dire et mes raisons
      Iront aux Petites-Maisons[2]. »

5. Le Renard ayant la queue coupée

      Un vieux Renard, mais des plus fins,
Grand croqueur de poulets, grand preneur de lapins,
      Sentant son renard[3] d'une lieue,
      Fut enfin au piège attrapé.
5   Par grand hasard en étant échappé,
Non pas franc[4], car pour gage il y laissa sa queue ;
S'étant, dis-je, sauvé sans queue, et tout honteux,
Pour avoir des pareils (comme il était habile),
Un jour que les renards tenaient conseil entre eux :
10 « Que faisons-nous, dit-il, de ce poids inutile,
Et qui va balayant tous les sentiers fangeux ?
Que nous sert cette queue ? Il faut qu'on se la coupe.
      Si l'on me croit, chacun s'y résoudra.
    – Votre avis est fort bon, dit quelqu'un de la troupe ;
15 Mais tournez-vous, de grâce, et l'on vous répondra. »

---

1. **Prendre pour cruche :** prendre pour un idiot.
2. **Petites-Maisons :** hôpital pour les fous.
3. **Sentir son renard :** avoir l'air d'un renard.
4. **Franc :** intact.

À ces mots, il se fit une telle huée
Que le pauvre écourté ne peut être entendu.
Prétendre ôter la queue eût été temps perdu ;
    La mode en fut continuée.

6.   La Vieille et les deux Servantes

Il était une Vieille ayant deux chambrières[1] :
Elles filaient si bien que les sœurs filandières[2]
Ne faisaient que brouiller au prix de celles-ci[3].
La Vieille n'avait point de plus pressant souci
5 Que de distribuer aux Servantes leur tâche.
Dès que Téthys chassait Phébus[4] aux crins dorés,
Tourets[5] entraient en jeu, fuseaux[6] étaient tirés ;
      Deçà, delà, vous en aurez :
      Point de cesse, point de relâche.
10 Dès que l'Aurore, dis-je, en son char[7] remontait,
Un misérable Coq à point nommé chantait ;
Aussitôt notre Vieille, encor plus misérable,
S'affublait d'un jupon crasseux et détestable,
Allumait une lame, et courait droit au lit
15 Où, de tout leur pouvoir, de tout leur appétit,
      Dormaient les deux pauvres Servantes.

---

1. **Chambrière** : servante chargée de nettoyer la chambre.
2. **Sœurs filandières** : les Parques, divinités mythologiques qui décidaient de la mort des humains en coupant le fil de leur existence.
3. **Ne faisaient que brouiller au prix de celles-ci** : paraissaient brouillonnes en comparaison.
4. **Téthys chassait Phébus** : Téthys, déesse de la mer dans laquelle le soleil était supposé se plonger le soir venu, chassait Phébus, le soleil : elle le fait se lever, c'est l'aurore.
5. **Touret** : terme général désignant les éléments qui tournent dans un métier à tisser.
6. **Fuseau** : instrument de bois qui sert à enrouler le fil.
7. **L'Aurore [...] en son char** : l'aurore était représentée à bord d'un char.

L'une entrouvrait un œil, l'autre étendait un bras ;
     Et toutes deux, très mal contentes,
Disaient entre leurs dents : « Maudit Coq, tu mourras. »
20 Comme elles l'avaient dit, la bête fut grippée[1],
Le réveille-matin eut la gorge coupée.
Ce meurtre n'amenda[2] nullement leur marché :
Notre couple, au contraire, à peine était couché,
Que la Vieille, craignant de laisser passer l'heure,
25 Courait comme un lutin par toute sa demeure.
     C'est ainsi que le plus souvent,
Quand on pense sortir d'une mauvaise affaire,
     On s'enfonce encor plus avant :
     Témoin ce couple et son salaire.
30 La Vieille, au lieu du Coq, les fit tomber par là
     De Charybde en Scylla[3].

7.   Le Satyre[4] et le Passant

Au fond d'un antre sauvage,
Un Satyre et ses enfants
Allaient manger leur potage,
Et prendre l'écuelle aux dents.

5 On les eût vus sur la mousse,
Lui, sa femme, et maint petit ;
Ils n'avaient tapis ni housse,
Mais tous fort bon appétit.

---

1. **Gripper** : attraper, prendre.
2. **Amender** : améliorer.
3. **Tomber de Charybde en Scylla** : aller de mal en pis ; référence mythologique à deux récifs nommés Charybde et Scylla, et qui sont plus dangereux l'un que l'autre.
4. **Satyre** : divinité mythologique au corps humain et aux cornes et pieds de chèvre ou de bouc.

Pour se sauver de la pluie,
10 Entre un Passant morfondu[1].
Au brouet on le convie[2] :
Il n'était pas attendu.

Son hôte n'eut pas la peine
De le semondre[3] deux fois.
15 D'abord avec son haleine
Il se réchauffe les doigts.

Puis sur le mets qu'on lui donne,
Délicat, il souffle aussi.
Le Satyre s'en étonne :
20 « Notre hôte, à quoi bon ceci ?

– L'un refroidit mon potage,
L'autre réchauffe ma main.
– Vous pouvez, dit le sauvage,
Reprendre votre chemin.

25 Ne plaise aux dieux que je couche
Avec vous sous même toit !
Arrière ceux dont la bouche
Souffle le chaud et le froid ! »

8. Le Cheval et le Loup

Un certain Loup, dans la saison
Que les tièdes zéphyrs ont l'herbe rajeunie,
Et que les animaux quittent tous la maison

---

1. **Morfondu** : transi, glacé.
2. **Convier au brouet** : inviter à partager le potage.
3. **Semondre** : avertir, inviter.

Pour s'en aller chercher leur vie ;
5 Un Loup, dis-je, au sortir des rigueurs de l'hiver,
Aperçut un Cheval qu'on avait mis au vert.
Je laisse à penser quelle joie.
« Bonne chasse, dit-il, qui l'aurait à son croc[1] !
Eh ! que n'es-tu mouton ? car tu me serais hoc[2] ;
10 Au lieu qu'il faut ruser pour avoir cette proie.
Rusons donc. » Ainsi dit, il vient à pas comptés ;
Se dit écolier d'Hippocrate ;
Qu'il connaît les vertus et les propriétés
De tous les simples[3] de ces prés ;
15 Qu'il sait guérir, sans qu'il se flatte[4],
Toutes sortes de maux. Si dom Coursier voulait
Ne point celer[5] sa maladie,
Lui Loup gratis le guérirait ;
Car le voir en cette prairie
20 Paître ainsi, sans être lié,
Témoignait quelque mal, selon la médecine.
« J'ai, dit la bête chevaline,
Une apostume[6] sous le pied.
– Mon fils, dit le docteur, il n'est point de partie
25 Susceptible de tant de maux.
J'ai l'honneur de servir Nosseigneurs les Chevaux,
Et fais aussi la chirurgie. »
Mon galand ne songeait qu'à bien prendre son temps,
Afin de happer son malade.
30 L'autre, qui s'en doutait, lui lâche une ruade,
Qui vous lui met en marmelade
Les mandibules[7] et les dents.

---

1. **Qui l'aurait à son croc :** à qui le mangerait.
2. **Tu me serais hoc :** tu serais à moi.
3. **Simple :** plante médicinale.
4. **Se flatter :** se vanter.
5. **Celer :** cacher.
6. **Apostume :** infection.
7. **Mandibule :** mâchoire.

« C'est bien fait, dit le Loup en soi-même fort triste :
Chacun à son métier doit toujours s'attacher.
Tu veux faire ici l'arboriste[1],
Et ne fus jamais que boucher. »

9. Le Laboureur et ses Enfants

Travaillez, prenez de la peine :
C'est le fonds qui manque le moins[2].

Un riche Laboureur, sentant sa mort prochaine,
Fit venir ses Enfants, leur parla sans témoins.
« Gardez-vous, leur dit-il, de vendre l'héritage
Que nous ont laissé nos parents[3] :
Un trésor est caché dedans.
Je ne sais pas l'endroit ; mais un peu de courage
Vous le fera trouver : vous en viendrez à bout.
Remuez votre champ dès qu'on aura fait l'oût[4] :
Creusez, fouillez, bêchez ; ne laissez nulle place
Où la main ne passe et repasse. »
Le Père mort, les Fils vous retournent le champ,
Deçà, delà, partout : si bien qu'au bout de l'an
Il en rapporta davantage.
D'argent, point de caché. Mais le Père fut sage
De leur montrer, avant sa mort,
Que le travail est un trésor.

1. **Arboriste :** herboriste.
2. **Le fonds qui manque le moins :** le capital qui manque le moins ; le travail ne déçoit jamais, il est toujours payant.
3. **Parents :** ancêtres.
4. **Faire l'oût :** faire la moisson.

← 10.   La Montagne qui accouche

Une Montagne en mal d'enfant
Jetait une clameur si haute,
Que chacun, au bruit accourant,
Crut qu'elle accoucherait, sans faute,
5 D'une cité plus grosse que Paris :
Elle accoucha d'une Souris.
Quand je songe à cette fable,
Dont le récit est menteur
Et le sens est véritable,
10 Je me figure un auteur
Qui dit : « Je chanterai la guerre
Que firent les Titans au maître du tonnerre[18]. »
C'est promettre beaucoup : mais qu'en sort-il souvent ?
Du vent.

11.   La Fortune et le Jeune Enfant

Sur le bord d'un puits très profond
Dormait, étendu de son long,
Un Enfant alors dans ses classes[2].
Tout est aux écoliers couchette et matelas.
5 Un honnête homme en pareil cas,
Aurait fait un saut de vingt brasses[3].
Près de là tout heureusement
La Fortune[4] passa, l'éveilla doucement,

---

1. **La guerre que firent les Titans au maître du tonnerre** : les Titans se révoltèrent contre les dieux de la mythologie et tentèrent d'escalader l'Olympe, mais Jupiter les frappa de sa foudre.
2. **Être dans ses classes** : être en âge d'aller à l'école.
3. **Brasse** : mesure de longueur.
4. **Fortune** : divinité antique représentant la puissance qui dirige le bonheur et le malheur sans logique apparente ; d'où l'évocation de son caprice (v. 15).

« LA MONTAGNE QUI ACCOUCHE »

REPÈRES

1. Quels sont les deux éléments comparés dans cette fable ? Pourquoi cette comparaison est-elle surprenante ?

OBSERVATION

2. Qu'est-ce qui caractérise les sons émis par la montagne ?
3. Pourquoi le narrateur dit-il que l'on s'attendait à ce qu'elle accouche « d'une cité plus grosse que Paris » (v. 6) ? Quelle idée de grandeur associe-t-on à Paris ? Est-ce logique pour une montagne ?
4. Quel sentiment le lecteur éprouve-t-il quand il découvre de quoi accouche la montagne ? Le récit y prépare-t-il ? Essayez d'expliquer le sens de l'image du dernier vers : « du vent ». Pourquoi ces deux mots sont-ils rejetés au vers 14 ? Quel effet le poète vise-t-il en les isolant ainsi ?

INTERPRÉTATIONS

5. Le « sens » (v. 7) de la première fable se devine-t-il ou bien le lecteur a-t-il besoin des huit derniers vers pour comprendre le premier épisode ? Quel est, selon vous, l'intérêt de rapprocher ainsi deux récits aussi différents ?
6. Où la morale de ces deux très courtes « fables » est-elle située ? Essayez de la formuler de manière explicite.
7. De quel type d'auteurs La Fontaine se moque-t-il dans les vers 11-14 ?

Lui disant : « Mon mignon, je vous sauve la vie.
10 Soyez une autre fois plus sage, je vous prie.
Si vous fussiez tombé, l'on s'en fût pris à moi ;
        Cependant c'était votre faute.
        Je vous demande, en bonne foi,
        Si cette imprudence si haute
15 Provient de mon caprice. » Elle part à ces mots.

        Pour moi, j'approuve son propos.
        Il n'arrive rien dans le monde
        Qu'il ne faille qu'elle en réponde.
        Nous la faisons de tous écots[1] ;
20 Elle est prise à garant[2] de toutes aventures.
Est-on sot, étourdi, prend-on mal ses mesures :
On pense en être quitte en accusant son sort.
        Bref, la Fortune a toujours tort.

12.   Les Médecins

Le Médecin Tant-pis allait voir un malade
Que visitait aussi son confrère Tant-mieux.
Ce dernier espérait, quoique son camarade
Soutînt que le gisant irait voir ses aïeux.
5 Tous deux s'étant trouvés différents pour la cure[3],
Leur malade paya le tribut[4] à nature,
Après qu'en ses conseils Tant-pis eut été cru.
Ils triomphaient encor sur cette maladie.
L'un disait : « Il est mort ; je l'avais bien prévu.
10 – S'il m'eût cru, disait l'autre, il serait plein de vie. »

1. **Nous la faisons de tous écots** : nous considérons qu'elle est responsable de tous les malheurs.
2. **Prendre à garant** : prendre comme garantie pour la réussite d'une aventure.
3. **Cure** : les soins donnés.
4. **Tribut** : contribution, ce que l'on paie.

►13. La Poule aux œufs d'or

L'avarice perd tout en voulant tout gagner.
        Je ne veux, pour le témoigner[1],
Que celui dont la Poule, à ce que dit la fable,
        Pondait tous les jours un œuf d'or.
5 Il crut que dans son corps elle avait un trésor :
Il la tua, l'ouvrit, et la trouva semblable
À celles dont les œufs ne lui rapportaient rien,
S'étant lui-même ôté le plus beau de son bien.
        Belle leçon pour les gens chiches[2] !

10 Pendant ces derniers temps, combien en a-t-on vus
Qui du soir au matin sont pauvres devenus,
        Pour vouloir[38] trop tôt être riches !

14. L'Âne portant des reliques

        Un Baudet chargé de reliques[4]
        S'imagina qu'on l'adorait.
        Dans ce penser il se carrait[5],
Recevant comme siens l'encens[6] et les cantiques[7].
5   Quelqu'un vit l'erreur, et lui dit :
        « Maître Baudet, ôtez-vous de l'esprit
        Une vanité si folle.
        Ce n'est pas vous, c'est l'idole

---

1. **Témoigner :** prouver.
2. **Chiche :** avare.
3. **Pour vouloir :** pour avoir voulu.
4. **Relique :** corps, fragment de corps ou objet ayant appartenu à un saint et dont l'Église autorise le culte (d'où l'évocation de « l'idole », v. 8).
5. **Se carrer :** marcher en faisant l'important.
6. **Encens :** résine qui dégage une odeur en brûlant ; témoignage d'admiration.
7. **Cantique :** chant religieux.

À qui cet honneur se rend,
10   Et que la gloire en est due.

D'un magistrat ignorant
C'est la robe qu'on salue.

15.   Le Cerf et la Vigne

Un Cerf, à la faveur d'une vigne fort haute,
Et telle qu'on en voit en de certains climats,
S'étant mis à couvert et sauvé du trépas[1],
Les veneurs[2], pour ce coup, croyaient leurs chiens en faute ;
5 Ils les rappellent donc. Le Cerf, hors de danger,
Broute sa bienfaitrice : ingratitude extrême !
On l'entend, on retourne, on le fait déloger ;
        Il vient mourir en ce lieu même.
« J'ai mérité, dit-il, ce juste châtiment :
10 Profitez-en, ingrats. » Il tombe en ce moment.
La meute en fait curée[3]. Il lui fut inutile
De pleurer aux veneurs à sa mort arrivés.
Vraie image de ceux qui profanent l'asile
        Qui les a conservés.

16.   Le Serpent et la Lime

On conte qu'un Serpent, voisin d'un horloger
(C'était pour l'horloger un mauvais voisinage),
Entra dans sa boutique, et cherchant à manger,

---

1. **Trépas** : mort.
2. **Veneur** : chasseur à courre.
3. **Faire curée** : manger la curée, la portion de la bête que l'on donne aux chiens de chasse.

N'y rencontra pour tout potage
5 Qu'une lime d'acier, qu'il se mit à ronger.
Cette lime lui dit, sans se mettre en colère :
    « Pauvre ignorant ! et que prétends-tu faire ?
    Tu te prends à plus dur que toi.
    Petit Serpent à tête folle,
10   Plutôt que d'emporter de moi
    Seulement le quart d'une obole[1],
    Tu te romprais toutes les dents.
    Je ne crains que celles du temps. »
Ceci s'adresse à vous, esprits du dernier ordre
15 Qui, n'étant bons à rien, cherchez surtout à mordre.
    Vous vous tourmentez vainement.
Croyez-vous que vos dents impriment leurs outrages
    Sur tant de beaux ouvrages ?
Ils sont pour vous d'airain[2], d'acier, de diamant.

17. Le Lièvre et la Perdrix

Il ne se faut jamais moquer des misérables[3] :
Car qui peut s'assurer[4] d'être toujours heureux ?
    Le sage Ésope dans ses fables
    Nous en donne un exemple ou deux.
5   Celui qu'en ces vers je propose,
    Et les siens, ce sont même chose.

Le Lièvre et la Perdrix, concitoyens d'un champ,
Vivaient dans un état, ce semble[5], assez tranquille,
    Quand une meute s'approchant

---

1. **Obole :** poids de dix grains ; infime contribution.
2. **Airain :** bronze.
3. **Misérable :** digne de pitié.
4. **S'assurer :** être sûr.
5. **Ce semble :** apparemment.

10   Oblige le premier à chercher un asile :
    Il s'enfuit dans son fort, met les chiens en défaut[1],
        Sans même en excepter Brifaut[2].
        Enfin il se trahit lui-même
    Par les esprits sortants de son corps échauffé.
15   Miraut[3], sur leur odeur ayant philosophé,
    Conclut que c'est son Lièvre, et d'une ardeur extrême
    Il le pousse[4] ; et Rustaut[5], qui n'a jamais menti,
        Dit que le Lièvre est reparti.
    Le pauvre malheureux vient mourir à son gîte[6].
20   La Perdrix le raille et lui dit :
        « Tu te vantais d'être si vite !
    Qu'as-tu fait de tes pieds ? » Au moment qu'elle rit,
    Son tour vient ; on la trouve. Elle croit que ses ailes
    La sauront garantir à toute extrémité ;
25   Mais la pauvrette avait compté
        Sans l'autour[7] aux serres cruelles.

18.   L'Aigle et le Hibou

    L'Aigle et le Chat-huant[8] leurs querelles cessèrent,
        Et firent tant qu'ils s'embrassèrent.
    L'un jura foi de roi, l'autre foi de hibou,
    Qu'ils ne se goberaient leurs petits peu ni prou[9].
5   « Connaissez-vous les miens ? dit l'oiseau de Minerve[10].

---

1. **Mettre en défaut** : tromper, perdre.
2. **Brifaut** : nom de chien (« celui qui mange »).
3. **Miraut** : nom de chien (« celui qui regarde »).
4. **Pousser** : poursuivre, contraindre à reculer.
5. **Rustaut** : nom de chien (« le paysan », « le lourdaud »).
6. **Son gîte** : son terrier.
7. **Autour** : oiseau rapace utilisé pour la chasse.
8. **Chat-huant** : chouette.
9. **Peu ni prou** : ni peu ni beaucoup.
10. **Oiseau de Minerve** : le hibou, que La Fontaine confond avec la chouette.

– Non, dit l'Aigle. – Tant pis, reprit le triste oiseau :
     Je crains en ce cas pour leur peau ;
     C'est hasard si je les conserve.
Comme vous êtes roi, vous ne considérez
10 Qui ni quoi[1] : rois et dieux mettent, quoi qu'on leur die,
     Tout en même catégorie.
Adieu mes nourrissons, si vous les rencontrez.
– Peignez-les-moi, dit l'Aigle, ou bien me les montrez ;
     Je n'y toucherai de ma vie. »
15 Le Hibou repartit : « Mes petits sont mignons,
Beaux, bien faits, et jolis sur tous leurs compagnons :
Vous les reconnaîtrez sans peine à cette marque.
N'allez pas l'oublier ; retenez-la si bien
     Que chez moi la maudite Parque[2]
20   N'entre point par votre moyen. »
Il avint qu'au Hibou Dieu donna géniture,
De façon qu'un beau soir qu'il était en pâture[3],
     Notre Aigle aperçut d'aventure,
     Dans les coins d'une roche dure,
25   Ou dans les trous d'une masure[4],
     (Je ne sais pas lequel des deux),
     De petits monstres fort hideux,
Rechignés[5], un air triste, une voix de Mégère[6].
« Ces enfants ne sont pas, dit l'Aigle, à notre ami.
30 Croquons-les. » Le galand n'en fit pas à demi[7] :
Ses repas ne sont point repas à la légère.
Le Hibou, de retour, ne trouve que les pieds
De ses chers nourrissons, hélas ! pour toute chose.

---

1. Qui ni quoi : ni rien, ni personne.
2. Parque : divinité mythologique qui avait en charge la vie et la mort des humains.
3. Être en pâture : être à la recherche de nourriture.
4. **Masure :** petite maison misérable.
5. **Rechigné :** qui a une expression de mauvaise humeur.
6. **Mégère :** femme méchante.
7. **Faire à demi :** faire les choses à moitié.

« L'AIGLE ET LE HIBOU »

REPÈRES

1. Quels sont les deux principaux personnages ? Quelle est leur décision ? Que craint le hibou ? Sa peur est-elle justifiée ?

OBSERVATION

2. Relevez les termes qui indiquent que l'aigle est vorace et sans pitié.

3. Pourquoi la description de ses petits par le hibou (v. 15-17) ne suffit-elle pas pour que l'aigle les reconnaisse ? Comparez-la avec la seconde description (v. 27-28) en identifiant les champs lexicaux employés. Que remarquez-vous ?

4. Pourquoi l'aigle ne peut-il pas reconnaître les petits du hibou ? Le hibou est-il objectif dans sa description ? Quel élément en particulier vous permet de répondre ?

5. Relevez tous les termes qui évoquent des divinités ; quels sont les terme employés pour désigner le hibou au cours du récit ? Que remarquez-vous ? Émettez une hypothèse pour l'expliquer.

INTERPRÉTATIONS

6. L'aigle se caractérise en général par sa vue perçante ; le hibou, au contraire, ne voit que la nuit. En quoi cela est-il important pour la compréhension de la fable ?

7. Comment pourrait-on qualifier en termes visuels l'attitude condamnée par la morale de la fable ?

8. Quelle leçon retirer de cette fable selon La Fontaine ?

Il se plaint ; et les dieux sont par lui suppliés
35 De punir le brigand qui de son deuil est cause.
Quelqu'un lui dit alors : « N'en accuse que toi,
Ou plutôt la commune loi
Qui veut qu'on trouve son semblable
Beau, bien fait, et sur tous aimable.
40 Tu fis de tes enfants à l'Aigle ce portrait :
En avaient-ils le moindre trait ? »

19.   Le Lion s'en allant en guerre

Le Lion dans sa tête avait une entreprise[1] :
Il tint conseil de guerre, envoya ses prévôts[2],
Fit avertir les animaux.
Tous furent du dessein[3], chacun selon sa guise :
5   L'Éléphant devait sur son dos
Porter l'attirail nécessaire,
Et combattre à son ordinaire[4] ;
L'Ours, s'apprêter pour les assauts ;
Le Renard, ménager de secrètes pratiques[5] ;
10 Et le Singe, amuser l'ennemi par ses tours.
« Renvoyez, dit quelqu'un, les Ânes, qui sont lourds,
Et les Lièvres, sujets à des terreurs paniques.
– Point du tout, dit le roi ; je les veux employer :
Notre troupe sans eux ne serait pas complète.
15 L'Âne effraiera les gens, nous servant de trompette ;
Et le Lièvre pourra nous servir de courrier[6]. »

---

1. **Entreprise** : projet.
2. **Prévôt** : homme chargé de surveiller ou d'organiser.
3. **Être du dessein** : participer au projet.
4. **À son ordinaire** : selon son habitude.
5. **Pratique** : intrigue.
6. **Courrier** : messager.

« Les Lions s'en allant en guerre. »
Paris, Bibliothèque nationale.

        Le monarque prudent et sage
    De ses moindres sujets sait tirer quelque usage,
        Et connaît les divers talents.
20 Il n'est rien d'inutile aux personnes de sens[1].

➤20.   L'Ours et les deux Compagnons

    Deux Compagnons, pressés d'argent[2],
      À leur voisin fourreur vendirent
      La peau d'un Ours encor vivant,
  Mais qu'ils tueraient bientôt, du moins à ce qu'ils dirent.
5 C'était le roi des Ours, au compte[3] de ces gens.
  Le marchand à sa peau devait faire fortune ;
  Elle garantirait des froids les plus cuisants[4] :
  On en pourrait fourrer plutôt deux robes qu'une.
  Dindenaut[5] prisait moins ses moutons qu'eux leur Ours :
10 Leur, à leur compte, et non à celui de la bête.
  S'offrant de la livrer au plus tard dans deux jours,
  Ils conviennent de prix, et se mettent en quête,
  Trouvent l'Ours qui s'avance et vient vers eux au trot.
  Voilà mes gens frappés comme d'un coup de foudre.
15 Le marché ne tint pas ; il fallut le résoudre[6] :
  D'intérêts contre l'Ours, on n'en dit pas un mot.
  L'un des deux Compagnons grimpe au faîte d'un arbre ;
      L'autre, plus froid que n'est un marbre,
  Se couche sur le nez, fait le mort, tient son vent[7],

---

1. **Personne de sens :** qui a du bon sens.
2. **Être pressé d'argent :** avoir besoin d'argent.
3. **Au compte de :** d'après.
4. **Froid cuisant :** grand froid.
5. **Dindenaut :** personnage du *Quart Livre* de Rabelais ; c'est un marchand dont les bavardages et les moqueries seront punis par Panurge.
6. **Résoudre un marché :** annuler un marché.
7. **Tenir son vent :** retenir sa respiration.

« L'Ours et les deux Compagnons ».
Gravure de P.-E. Moitte
d'après un dessin de J.-B. Oudry

20   Ayant quelque part ouï dire
    Que l'Ours s'acharne peu souvent
Sur un corps qui ne vit, ne meut, ni ne respire.
Seigneur Ours, comme un sot, donna dans ce panneau :
Il voit ce corps gisant, le croit privé de vie ;
25   Et de peur de supercherie,
Le tourne, le retourne, approche son museau,
   Flaire aux passages de l'haleine.
« C'est, dit-il, un cadavre ; ôtons-nous, car il sent. »
À ces mots, l'Ours s'en va dans la forêt prochaine.
30 L'un de nos deux marchands de son arbre descend,
Court à son compagnon, lui dit que c'est merveille
Qu'il n'ait eu seulement que la peur pour tout mal.
« Eh bien ! ajouta-t-il, la peau de l'animal ?
   Mais que t'a-t-il dit à l'oreille ?
35   Car il s'approchait de bien près,
   Te retournant avec sa serre.
   – Il m'a dit qu'il ne faut jamais
Vendre la peau de l'Ours qu'on ne l'ait mis par terre. »

21. L'Âne vêtu de la peau du Lion

De la peau du Lion l'Âne s'étant vêtu,
   Était craint partout à la ronde ;
   Et bien qu'animal sans vertu[1],
   Il faisait trembler tout le monde.
5 Un petit bout d'oreille échappé par malheur
   Découvrit la fourbe et l'erreur :
   Martin[2] fit alors son office.
Ceux qui ne savaient pas la ruse et la malice[3]

---

1. **Vertu** : force, vigueur.
2. **Martin** : nom de paysan.
3. **Malice** : ruse.

S'étonnaient de voir que Martin
10   Chassât les lions au moulin.

Force[1] gens font du bruit en France,
Par qui cet apologue est rendu familier.
Un équipage cavalier[2]
Fait les trois quarts de leur vaillance.

---

1. **Force gens :** beaucoup de gens.
2. **Équipage cavalier :** équipage à l'allure conquérante.

Le pouvoir des fables
Les grâces de la parole

Conséquence de la contamination des *Fables* par les usages de la conversation (voir Synthèse p. 188), le lecteur se retrouve souvent impliqué dans la fable. Pourquoi ? Sans doute parce que La Fontaine veut gagner sa sympathie et son attention, afin de faciliter le passage de la morale. La persuasion des *Fables* repose sans doute sur cette inscription du récepteur dans le texte. Parce qu'il interpelle, questionne ou simplement surprend son lecteur, La Fontaine parvient à gagner sa bienveillance : sous la forme d'une conversation ou d'un récit plaisant, la fable séduit, charme ou captive son public en sollicitant son attention et sa sensibilité. Le poète cherche à endormir notre raison et notre vigilance critique qui se trouvent comme anesthésiées par les récits. Sous le charme de la fantaisie et de la gaieté des *Fables*, le lecteur ne perçoit pas toujours que le poète cherche à lui enseigner sa morale.

Récit et morale réunis

Les fables de La Fontaine ne délivrent pas toujours leur morale à la fin du poème : il arrive parfois que cette morale apparaisse d'emblée. Mais, surtout, grâce au ton enjoué qu'il adopte, La Fontaine dissémine de nombreux détails significatifs et plaisants qui enrichissent la lecture et diffusent cette morale tout au long du texte : la caractérisation des personnages, en particulier, nous donne très vite de nombreuses indications sur la nature de la morale que l'on pourra retirer de la fable. Autrement dit, la gaieté des fables est porteuse d'agrément et d'information multiples nécessaires à l'élaboration et à la diffusion de la morale.

En même temps qu'elle séduit le lecteur et le prive insensiblement de son esprit crtique, elle lui infuse de la même
manière des éléments de morales destinés à se graver dans
son esprit et sa mémoire. Le récit et la morale sont donc
indissociables ; ils fusionnent même dans les fables.

Le charme des fables

En fait, le poète aspire à ce que sa poésie soit un
« enchantement » (II,1, v. 13). Au XVIIᵉ siècle, ce terme a un
sens très fort puisqu'il signifie séduire et envoûter. On comprend par ce mot que le poète aspire à enseigner sans que
l'on s'en rende compte. D'où la diffusion agréable et donc
moins visible, de la morale de ses fables : « Ne forçons
point notre talent, / Nous ne ferions rien avec grâce » (IV,
5, v.1-2). La parole poétique, ainsi, se constitue comme un
piège.

« Le Cerf se voyant dans l'eau » par Verdizotti.
Paris, Bibliothèque nationale.

Livre VI

1.   Le Pâtre et le Lion

Les fables ne sont pas ce qu'elles semblent être ;
Le plus simple animal nous y tient lieu de maître.
Une morale nue apporte de l'ennui ;
Le conte fait passer le précepte[1] avec lui.
En ces sortes de feinte[2] il faut instruire et plaire,
5 Et conter pour conter me semble peu d'affaire[3].
C'est par cette raison qu'égayant leur esprit,
Nombre de gens fameux en ce genre ont écrit.
Tous ont fui l'ornement et le trop d'étendue :
10 On ne voit point chez eux de parole perdue.
Phèdre était si succinct qu'aucuns[4] l'en ont blâmé.
Ésope en moins de mots s'et encore exprimé.
Mais sur tous certain Grec[5] renchérit et se pique
        D'une élégance laconique[6] ;
15 Il renferme toujours son conte en quatre vers :
Bien ou mal, je le laisse à juger aux experts.

---

1. **Précepte :** formule qui exprime un enseignement.
2. **Feinte :** histoire inventée.
3. **Peu d'affaire :** de peu d'intérêt.
4. **Aucuns :** quelques-uns, plusieurs.
5. **Certain Grec :** Babrias, poète grec (IIIᵉ siècle après J.-C.) dont les quatrains étaient connus au XVIIᵉ siècle.
6. **Laconique :** qui s'exprime en peu de mots.

Voyons-le avec Ésope en un sujet semblable :
L'un amène un chasseur, l'autre un pâtre[1], en sa fable.
J'ai suivi leur projet quant à l'événement,
20 Y cousant en chemin quelque trait seulement.

Voici comme à peu près Ésope le raconte.

Un Pâtre, à ses brebis trouvant quelque mécompte[2],
Voulut à toute force attraper le larron.
Il s'en va près d'un antre, et tend à l'environ
25 Des lacs à prendre loups, soupçonnant cette engeance.
        Avant que partir de ces lieux :
« Si tu fais, disait-il, ô monarque des dieux,
Que ce drôle à ces lacs se prenne en ma présence,
        Et que je goûte ce plaisir,
30   Parmi vingt veaux je veux choisir
          Le plus gras, et t'en faire offrande. »
À ces mots, sort de l'antre un Lion grand et fort.
Le Pâtre se tapit[3], et dit, à demi mort :
« Que l'homme ne sait guère, hélas ! ce qu'il demande !
35 Pour trouver le larron qui détruit mon troupeau,
Et le voir en ces lacs pris avant que je parte,
Ô monarque des dieux, je t'ai promis un veau :
Je te promets un bœuf si tu fais qu'il s'écarte. »

C'est ainsi que l'a dit le principal auteur ;
40   Passons à son imitateur.

---

1. **Pâtre :** berger.
2. **Trouver quelque mécompte :** ne pas retrouver son compte.
3. **Se tapir :** se cacher en se blottissant.

2. Le Lion et le Chasseur

Un fanfaron[1], amateur de la chasse,
Venant de perdre un chien de bonne race,
Qu'il soupçonnait dans le corps d'un Lion,
Vit un berger : « Enseigne-moi[2], de grâce,
5   De mon voleur, lui dit-il, la maison,
Que de ce pas je me fasse raison[3]. »
Le Berger dit : « C'est vers cette montagne.
En lui payant de tribut[4] un mouton
Par chaque mois, j'erre dans la campagne
10   Comme il me plaît, et je suis en repos. »
Dans le moment qu'ils tenaient ces propos,
Le Lion sort, et vient d'un pas agile.
Le fanfaron aussitôt d'esquiver[5] :
« Ô Jupiter, montre-moi quelque asile,
15   S'écria-t-il, qui me puisse sauver ! »

La vraie épreuve de courage
N'est que dans le danger que l'on touche du doigt.
Tel le cherchait, dit il, qui, changeant de langage,
S'enfuit aussitôt qu'il le voit.

3. Phébus et Borée

Borée[6] et le Soleil[7] virent un Voyageur
Qui s'était muni par bonheur

---

1. **Fanfaron** : qui se vante de son courage.
2. **Enseigner de** : renseigner sur.
3. **Se faire raison** : se faire justice.
4. **Tribut** : contribution, ce que l'on paie.
5. **Esquiver** : fuir.
6. **Borée** : dieu du vent du Nord dans la mythologie antique.
7. **Le Soleil** : Phébus dans la mythologie antique, dieu soleil.

Contre le mauvais temps. On entrait dans l'automne,
Quand la précaution aux voyageurs est bonne :
5   Il pleut, le soleil luit, et l'écharpe d'Iris[1]
        Rend ceux qui sortent avertis
Qu'en ces mois le manteau leur est fort nécessaire ;
Les Latins les nommaient douteux[2], pour cette affaire.
Notre homme s'était donc à la pluie attendu :
10   Bon manteau bien doublé, bonne étoffe bien forte.
    « Celui-ci, dit le Vent, prétend avoir pourvu
À tous les accidents ; mais il n'a pas prévu
        Que je saurai souffler de sorte
Qu'il n'est bouton qui tienne ; il faudra, si je veux,
15   Que le manteau s'en aille au diable.
L'ébattement[3] pourrait nous en être agréable :
Vous plaît-il de l'avoir ? – Eh bien, gageons nous deux,
        Dit Phébus, sans tant de paroles,
À qui plus tôt aura dégarni les épaules
20   Du Cavalier que nous voyons.
Commencez : je vous laisse obscurcir mes rayons. »
Il n'en fallut pas plus. Notre souffleur à gage[4]
Se gorge de vapeurs[5], s'enfle comme un ballon,
        Fait un vacarme de démon,
25   Siffle, souffle, tempête, et brise, en son passage,
Maint toit qui n'en peut mais[6], fait périr maint bateau[7],
        Le tout au sujet d'un manteau.
Le Cavalier eut soin d'empêcher que l'orage
        Ne se pût engouffrer dedans ;

---

1. **Iris :** messagère des dieux dans la mythologie antique ; l'arc-en-ciel passait pour être son écharpe dans l'antiquité.
2. **Douteux :** incertain.
3. **Ébattement :** divertissement.
4. **Souffleur à gage :** il souffle comme s'il avait été payé pour cela ou bien il souffle après avoir gagé, c'est-à-dire parié.
5. **Se gorge de vapeurs :** se remplit les poumons d'air.
6. **N'en pouvoir mais :** ne rien pouvoir faire.
7. **Fait périr maint bateau :** fait couler de nombreux bateaux.

30 Cela le préserva. Le Vent perdit son temps :
Plus il se tourmentait, plus l'autre tenait ferme ;
Il eut beau faire agir le collet[1] et les plis.
   Sitôt qu'il fut au bout du terme
   Qu'à la gageure[2] on avait mis,
35   Le Soleil dissipe la nue,
Récrée, et puis pénètre enfin le Cavalier,
   Sous son balandras[3] fait qu'il sue,
   Le contraint de s'en dépouiller :
   Encor n'usa-t-il pas de toute sa puissance.

40   Plus fait douceur que violence.

4. Jupiter et le Métayer

Jupiter eut jadis une ferme à donner.
Mercure en fit l'annonce, et gens se présentèrent,
   Firent des offres, écoutèrent :
   Ce ne fut pas sans bien tourner[4].
5   L'un alléguait[5] que l'héritage
Était frayant[6] et rude, et l'autre un autre si[7].
   Pendant qu'ils marchandaient ainsi,
Un d'eux, le plus hardi mais non pas le plus sage,
Promit d'en rendre tant[8], pourvu que Jupiter
10   Le laissât disposer de l'air,
   Lui donnât saison à sa guise,

---

1. **Faire agir le collet** : agiter le col.
2. **Gageure** : action ou projet difficile à exécuter, au point de passer pour l'objet d'un pari.
3. **Balandras** : manteau de campagne doublé.
4. **Ce ne fut pas sans bien tourner** : il y eut beaucoup de réponses.
5. **Alléguer** : prétendre.
6. **Frayant** : qui entraîne des frais.
7. **Un autre si** : une autre objection.
8. **D'en rendre tant** : d'en retirer un tel rendement.

Qu'il eût du chaud, du froid, du beau temps, de la bise,
        Enfin du sec et du mouillé,
        Aussitôt qu'il aurait bâillé[1].
15 Jupiter y consent. Contrat passé ; notre homme
Tranche[2] du roi des airs, pleut, vente, et fait en somme
Un climat pour lui seul : ses plus proches voisins
Ne s'en sentaient[3] non plus que les Américains.
Ce fut leur avantage ; ils eurent bonne année,
20   Pleine moisson, pleine vinée[4].
Monsieur le Receveur[5] fut très mal partagé[6].
        L'an suivant, voilà tout changé,
        Il ajuste d'une autre sorte
        La température[7] des cieux.
25 Son champ ne s'en trouve pas mieux ;
Celui de ses voisins fructifie et rapporte.
Que fait-il ? Il recourt au monarque des dieux,
        Il confesse son imprudence.
Jupiter en usa comme un maître fort doux.
30   Concluons que la Providence
        Sait ce qu'il nous faut mieux que nous.

5.   Le Cochet, le Chat et le Souriceau

Un Souriceau tout jeune, et qui n'avait rien vu,
        Fut presque pris au dépourvu[8].
Voici comme il conta l'aventure à sa mère :

---

1. **Bâiller :** louer quelque chose à quelqu'un.
2. **Trancher de :** imiter, faire le.
3. **S'en sentaient :** n'en ressentaient.
4. **Vinée :** vendange.
5. **Receveur :** homme d'affaires chargé de percevoir les revenus des fermes (emploi par antiphrase pour désigner ici le métayer).
6. **Être partagé :** être servi, rétribué (emploi antiphrastique).
7. **La température des cieux :** la qualité de l'air, les saisons.
8. **Pris au dépourvu :** surpris sans défense.

LE COCHET, LE CHAT, ET LE SOURICEAU. Fable CVIII.

« Le Cochet, le Chat et le Souriceau ».
Gravure d'après les dessins de J.-B. Oudry.
Paris, Bibliothèque nationale.

« J'avais franchi les monts qui bornent cet État,
5   Et trottais comme un jeune Rat
    Qui cherche à se donner carrière[1],
Lorsque deux animaux m'ont arrêté les yeux :
    L'un doux, bénin[2], et gracieux,
Et l'autre turbulent et plein d'inquiétude[3] ;
10   Il a la voix perçante et rude,
    Sur la tête un morceau de chair,
Une sorte de bras dont il s'élève en l'air
    Comme pour prendre sa volée,
    La queue en panache[4] étalée. »
15 Or c'était un Cochet[5] dont notre Souriceau
    Fit à sa mère le tableau,
Comme d'un animal venu de l'Amérique.
« Il se battait, dit-il, les flancs avec ses bras,
    Faisant tel bruit et tel fracas,
20 Que moi, qui, grâce aux dieux, de courage me pique[6],
    En ai pris la fuite de peur,
    Le maudissant de très bon cœur.
    Sans lui j'aurais fait connaissance
Avec cet animal qui m'a semblé si doux :
25   Il est velouté[7] comme nous,
Marqueté[8], longue queue, une humble contenance,
Un modeste regard, et pourtant l'œil luisant.
    Je le crois fort sympathisant
Avec Messieurs les Rats ; car il a des oreilles
30   En figure aux nôtres pareilles.
Je l'allais aborder, quand d'un son plein d'éclat

1. **Se donner carrière :** élargir ses horizons.
2. **Bénin :** gentil, favorable.
3. **Inquiétude :** agitation.
4. **Panache :** plumes serrées à la base et flottantes en haut.
5. **Cochet :** petit coq, gros poulet.
6. **Se piquer :** s'enorgueillir, se vanter.
7. **Velouté :** à la manière du velours, doux.
8. **Marqueté :** tacheté.

L'autre m'a fait prendre la fuite.
– Mon fils, dit la Souris, ce doucet est un Chat,
        Qui, sous son minois hypocrite,
35   Contre toute ta parenté
        D'un malin vouloir[1] est porté.
        L'autre animal, tout au contraire,
        Bien éloigné de nous mal faire[2],
Servira quelque jour peut-être à nos repas.
40 Quant au Chat, c'est sur nous qu'il fonde sa cuisine.
        Garde-toi, tant que tu vivras,
        De juger des gens sur la mine. »

6. Le Renard, le Singe et les Animaux

        Les Animaux, au décès d'un lion,
        En son vivant prince de la contrée,
        Pour faire un roi s'assemblèrent, dit-on.
        De son étui la couronne est tirée :
5   Dans une chartre[3] un dragon la gardait.
        Il se trouva que, sur tous essayée,
        À pas un d'eux elle ne convenait.
        Plusieurs avaient la tête trop menue,
        Aucuns trop grosse, aucuns même cornue.
10   Le Singe aussi fit l'épreuve en riant ;
        Et par plaisir la tiare[4] essayant,
        Il fit autour force grimaceries,
        Tours de souplesse, et mille singeries,
        Passa dedans ainsi qu'en un cerceau.
15   Aux Animaux cela sembla si beau

---

1. **Malin vouloir** : haine, vengeance.
2. **Mal faire** : faire du mal.
3. **Chartre** : prison.
4. **Tiare** : couvre-chef de forme conique.

Qu'il fut élu : chacun lui fit hommage.
Le Renard seul regretta son suffrage,
Sans toutefois montrer son sentiment.
Quant il eut fait son petit compliment,
20 Il dit au roi : « Je sais, Sire, une cache,
Et ne crois pas qu'autre que moi le sache.
Or tout trésor, par droit de royauté,
Appartient, Sire, à Votre Majesté. »
Le nouveau roi bâille[1] après la finance,
25 Lui-même y court pour n'être pas trompé.
C'était un piège : il y fut attrapé.
Le Renard dit, au nom de l'assistance :
« Prétendrais-tu nous gouverner encor,
Ne sachant pas te conduire toi-même ? »
30 Il fut démis[2] ; et l'on tomba d'accord
Qu'à peu de gens convient le diadème.

7.   Le Mulet se vantant de sa généalogie

Le Mulet d'un prélat[3] se piquait de noblesse,
Et ne parlait incessamment
Que de sa mère la jument,
Dont il contait mainte prouesse :
5 Elle avait fait ceci, puis avait été là.
Son fils prétendait pour cela
Qu'on le dût mettre dans l'histoire.
Il eût cru s'abaisser servant un médecin.
Étant devenu vieux, on le mit au moulin :
10 Son père l'âne alors lui revint en mémoire.
Quand le malheur ne serait bon

---

1. **Bâiller après :** aspirer à.
2. **Démettre :** destituer, retirer quelqu'un de son poste.
3. **Prélat :** haut dignitaire de l'Église.

Qu'à mettre un sot à la raison,
Toujours serait-ce à juste cause
Qu'on le dît bon à quelque chose.

8.   Le Vieillard et l'Âne

Un Vieillard sur son Âne aperçut, en passant,
     Un pré plein d'herbe et fleurissant :
Il y lâche sa bête, et le grison[1] se rue
     Au travers de l'herbe menue,
5   Se vautrant, grattant, et frottant,
     Gambadant, chantant, et broutant,
     Et faisant mainte place nette.
     L'ennemi vient sur l'entrefaite[2].
     « Fuyons, dit alors le Vieillard.
10   – Pourquoi ? répondit le paillard[3] :
Me fera-t-on porter double bât[4], double charge ?
– Non pas, dit le Vieillard, qui prit d'abord[5] le large.
– Et que m'importe donc, dit l'Âne, à qui je sois ?
     Sauvez vous, et me laissez paître.
15   Notre ennemi, c'est notre maître :
     Je vous le dis en bon françois. »

---

1. **Grison** : synonyme d'âne.
2. **Entrefaite** : intervalle de temps où survient un événement.
3. **Paillard** : grossier, paresseux ; âne.
4. **Bât** : dispositif qui permet de placer une charge sur le dos des bêtes de somme.
5. **D'abord** : aussitôt.

9. Le Cerf se voyant dans l'eau

Dans le cristal d'une fontaine
Un Cerf se mirant[1] autrefois
Louait la beauté de son bois[2],
Et ne pouvait qu'avecque peine
5   Souffrir[3] ses jambes de fuseaux[4],
Dont il voyait l'objet se perdre dans les eaux.
« Quelle proportion de mes pieds à ma tête ?
Disait-il en voyant leur ombre avec douleur :
Des taillis les plus hauts mon front atteint le faîte[5] ;
10   Mes pieds ne me font point d'honneur. »
Tout en parlant de la sorte,
Un limier[6] le fait partir.
Il tâche à se garantir ;
Dans les forêts il s'emporte[7].
15   Son bois, dommageable ornement,
L'arrêtant à chaque moment,
Nuit à l'office[8] que lui rendent
Ses pieds, de qui ses jours dépendent.
Il se dédit[9] alors, et maudit les présents
20   Que le ciel lui fait tous les ans.

Nous faisons cas du beau, nous méprisons l'utile ;
Et le beau souvent nous détruit.
Ce Cerf blâme ses pieds, qui le rendent agile ;
Il estime un bois qui lui nuit.

---

1. **Se mirer** : se regarder.
2. **Son bois** : ses cornes.
3. **Souffrir** : supporter, accepter.
4. **Jambes de fuseaux** : jambes en forme de fuseaux, donc longues et minces.
5. **Faîte** : sommet.
6. **Limier** : chien de chasse.
7. **S'emporter** : s'enfuir.
8. **Office** : service.
9. **Se dédire** : renier sa parole.

10.   Le Lièvre et la Tortue

Rien ne sert de courir ; il faut partir à point[1] :
Le Lièvre et la Tortue en sont un témoignage.
« Gageons[2], dit celle-ci, que vous n'atteindrez point
Sitôt[3] que moi ce but. – Sitôt ? Êtes-vous sage ?
5   Repartit l'animal léger :
        Ma commère, il vous faut purger
        Avec quatre grains d'ellébore[4].
        – Sage ou non, je parie encore. »
        Ainsi fut fait ; et de tous deux
10   On mit près du but les enjeux :
        Savoir quoi, ce n'est pas l'affaire,
        Ni de quel juge l'on convint.
Notre Lièvre n'avait que quatre pas à faire,
J'entends de ceux qu'il fait lorsque, prêt d'être atteint,
15 Il s'éloigne des chiens, les renvoie aux calendes[5],
        Et leur fait arpenter les landes.
Ayant, dis-je, du temps de reste pour brouter,
        Pour dormir et pour écouter
D'où vient le vent, il laisse la tortue
20   Aller son train de sénateur[6].
        Elle part, elle s'évertue,
        Elle se hâte avec lenteur.
Lui cependant méprise une telle victoire,
        Tient la gageure[7] à peu de gloire,

---

1. **Partir à point :** partir au bon moment.
2. **Gager :** parier.
3. **Sitôt :** aussi vite, aussi tôt.
4. **Ellébore :** on croyait autrefois que cette plante guérissait de la folie.
5. **Renvoyer aux calendes :** « ou renvoyer aux calendes grecques » signifie renvoyer au premier jour mensuel dans le calendrier romain, c'est-à-dire renvoyer définitivement puisque le calendrier grec ne comportait pas de calendes.
6. **Un train de sénateur :** une allure très lente.
7. **Gageure :** objet du pari.

25   Croit qu'il y va de son honneur
De partir tard. Il broute, il se repose,
       Il s'amuse à toute autre chose
Qu'à la gageure. À la fin, quand il vit
Que l'autre touchait presque au bout de la carrière,
30 Il partit comme un trait ; mais les élans qu'il fit
Furent vains : la Tortue arriva la première.
« Eh bien ! lui cria-t-elle, avais-je pas raison ?
        De quoi vous sert votre vitesse ?
        Moi l'emporter ! et que serait-ce
35   Si vous portiez une maison ? »

« Le Lièvre et la Tortue » par E. Fessard.
Paris, Bibliothèque nationale.

« Le Lièvre et la Tortue »

Repères

1. Quelles questions le lièvre pose-t-il à la tortue ? Que lui conseille-t-il ? Pourquoi ? La fin de la fable lui donne-t-elle raison ?

Observation

2. Relevez tous les éléments qui permettent de dire que le lièvre est très rapide. Quels sont les deux sens possibles de « léger » (v. 5) ?

3. Cherchez le sens du verbe « s'évertuer »(v. 21). Comment qualifier selon vous le déplacement de la tortue ?

4. Comment définir l'attitude du lièvre (v. 24-26) ? Que fait le lièvre pendant que la tortue avance ? Relevez ses différentes actions. Quand se rend-il compte que la tortue parvient au but ?

5. Pourquoi la tortue demande-t-elle au lièvre : « [...] que serait-ce si vous portiez une maison ? » La « maison » de la tortue est-elle comparable à celle du lièvre ?

6. Pourquoi La Fontaine conclut-il sa fable sur cette question ?

Interprétations

7. Vers lequel des animaux va la sympathie du lecteur ? La tortue devine-t-elle ce qui va arriver ? Émettez des hypothèses sur ce qu'elle pense du lièvre. Se trompe-t-elle ?

8. Qui est le sage, qui est le fou dans cette fable ? La Fontaine privilégie-t-il le travail ou la facilité, l'effort ou la paresse ?

DE LA LECTURE À L'ÉCRITURE

9. Faites le récit de cette aventure en adoptant le point de vue de la tortue.

11. L'Âne et ses Maîtres

L'Âne d'un jardinier se plaignait au destin
De ce qu'on le faisait lever devant l'aurore.
« Les coqs, lui disait-il, ont beau chanter matin[1],
     Je suis plus matineux[2] encore.
5 Et pourquoi ? pour porter des herbes au marché :
Belle nécessité d'interrompre mon somme ! »
     Le sort, de sa plainte touché,
Lui donne un autre Maître, et l'animal de somme[3]
Passe du jardinier aux mains d'un corroyeur[4].
10 La pesanteur des peaux et leur mauvaise odeur
Eurent bientôt choqué l'impertinente bête.
  « J'ai regret[5], disait-il, à mon premier seigneur :
     Encor, quand il tournait la tête,
     J'attrapais, s'il m'en souvient bien,
15 Quelque morceau de chou qui ne me coûtait rien ;
Mais ici point d'aubaine[6] ; ou, si j'en ai quelqu'une,
C'est de coups. » Il obtint changement de fortune,
     Et sur l'état[7] d'un charbonnier
     Il fut couché[8] tout le dernier.
20 Autre plainte. « Quoi donc ? dit le Sort[9] en colère,
     Ce baudet-ci m'occupe autant
     Que cent monarques pourraient faire.
Croit-il être le seul qui ne soit pas content ?
     N'ai-je en l'esprit que son affaire ? »

---

1. **Matin** : tôt le matin.
2. **Matineux** : matinal.
3. **Animal de somme** : animal qui porte des charges.
4. **Corroyeur** : celui qui traite les peaux afin d'en faire du cuir.
5. **Avoir regret à** : regretter.
6. **Aubaine** : avantage ou profit inattendu.
7. **L'état** : la liste des domestiques.
8. **Être couché** : être mis dans une liste.
9. **Le Sort** : personnification de la fortune ou du destin.

25 Le sort avait raison. Tous gens sont ainsi faits :
Notre condition jamais ne nous contente ;
La pire est toujours la présente ;
Nous fatiguons le ciel à force de placets[1].
Qu'à chacun Jupiter accorde sa requête,
30 Nous lui romprons encor la tête[2].

12.   Le Soleil et les Grenouilles

Aux noces d'un tyran tout le peuple en liesse[3]
Noyait son souci dans les pots[4].
Ésope seul trouvait que les gens étaient sots
De témoigner tant d'allégresse.
5 « Le Soleil, disait-il, eut dessein autrefois
De songer à l'hyménée[5].
Aussitôt on ouït, d'une commune voix,
Se plaindre de leur destinée
Les citoyennes des étangs.
10 « Que ferons-nous, s'il lui vient des enfants ?
» Dirent-elles au Sort : un seul Soleil à peine
» Se peut souffrir ; une demi-douzaine
» Mettra la mer à sec, et tous ses habitants.
» Adieu joncs et marais : notre race est détruite.
15 » Bientôt on la verra réduite
» À l'eau du Styx[6]. » Pour un pauvre animal,
Grenouilles, à mon sens, ne raisonnaient pas mal.

---

1. **Placet** : demande écrite.
2. **Rompre la tête** : assourdir, fatiguer.
3. **Liesse** : joie.
4. **Noyer son souci dans les pots** : oublier ses soucis en buvant.
5. **Hyménée** : mariage.
6. **Styx** : fleuve des Enfers dans la mythologie antique.

13. Le Villageois et le Serpent

Ésope conte qu'un Manant[1],
Charitable autant que peu sage,
Un jour d'hiver se promenant
À l'entour de son héritage[2],
5 Aperçut un Serpent sur la neige étendu,
Transi, gelé, perclus, immobile rendu,
N'ayant pas à vivre un quart d'heure.
Le Villageois le prend, l'emporte en sa demeure ;
Et, sans considérer quel sera le loyer
10 D'une action de ce mérite,
Il l'étend le long du foyer,
Le réchauffe, le ressuscite.
L'animal engourdi sent à peine le chaud,
Que l'âme lui revient avecque la colère.
15 Il lève un peu la tête, et puis siffle aussitôt,
Puis fait un long repli, puis tâche à faire un saut
Contre son bienfaiteur, son sauveur, et son père.
« Ingrat, dit le Manant, voilà donc mon salaire ?
Tu mourras. » À ces mots, plein d'un juste courroux,
20 Il vous prend sa cognée[3], il vous tranche la bête,
Il fait trois serpents de deux coups :
Un tronçon, la queue, et la tête.
L'insecte[4] sautillant cherche à se réunir,
Mais il ne put y parvenir.
25 Il est bon d'être charitable,
Mais envers qui ? c'est là le point.
Quant aux ingrats, il n'en est point,
Qui ne meure enfin misérable.

---

1. **Manant** : paysan.
2. **Héritage** : bien immobilier.
3. **Cognée** : hache.
4. **Insecte** : animal qui vit après qu'on l'a coupé en plusieurs parties.

14.   Le Lion malade et le Renard

De par le roi des animaux,
Qui dans son antre était malade,
Fut fait savoir à ses vassaux[1]
Que chaque espèce en ambassade
5   Envoyât[2] gens le visiter,
Sous promesse de bien traiter
Les députés, eux et leur suite,
Foi de Lion, très bien écrite :
Bon passeport[3] contre la dent,
10   Contre la griffe tout autant.
L'édit du Prince s'exécute :
De chaque espèce on lui députe[4].
Les Renards gardant la maison,
Un d'eux en dit cette raison :
15   « Les pas empreints sur la poussière
Par ceux qui s'en vont faire au malade leur cour,
Tous, sans exception, regardent sa tanière ;
Pas un ne marque de retour :
Cela nous met en méfiance.
20   Que Sa Majesté nous dispense.
Grand merci de son passeport.
Je le crois bon ; mais dans cet antre
Je vois fort bien comme l'on entre,
Et ne vois pas comme on en sort. »

---

1. **Vassal** : homme dépendant d'un autre ou considéré comme son inférieur.
2. **Envoyer en ambassade** : envoyer des représentants auprès d'un souverain.
3. **Passeport** : document produit par un seigneur et donnant liberté de déplacement sur ses terres.
4. **Députer** : envoyer.

15. L'Oiseleur, l'Autour et l'Alouette

Les injustices des pervers
Servent souvent d'excuse aux nôtres.
Telle est la loi de l'univers :
Si tu veux qu'on t'épargne, épargne aussi les autres.

Un manant au miroir prenait[1] des oisillons.
5 Le fantôme brillant attire une Alouette.
Aussitôt un Autour[2], planant sur les sillons,
    Descend des airs, fond, et se jette
Sur celle qui chantait, quoique près du tombeau.
Elle avait évité la perfide machine,
10 Lorsque, se rencontrant sous la main de l'oiseau,
    Elle sent son ongle maline[3].
Pendant qu'à la plumer l'Autour est occupé,
Lui-même sous les rets demeure enveloppé.
« Oiseleur, laisse-moi, dit-il en son langage ;
15   Je ne t'ai jamais fait de mal. »
L'oiseleur repartit : « Ce petit animal
    T'en avait il fait davantage ? »

16. Le Cheval et l'Âne

En ce monde il se faut l'un l'autre secourir :
    Si ton voisin vient à mourir,
    C'est sur toi que le fardeau tombe.

---

1. **Prendre au miroir** : piéger des oiseaux à l'aide d'une illusion d'optique (le « fantôme brillant »).
2. **Autour** : oiseau rapace utilisé pour la chasse.
3. **Ongle maline** : ongle est parfois féminin au XVIIᵉ siècle ; maline pour maligne, mauvaise.

Un Âne accompagnait un Cheval peu courtois,
5 Celui-ci ne portant que son simple harnois,
Et le pauvre Baudet si chargé, qu'il succombe.
Il pria le Cheval de l'aider quelque peu :
Autrement il mourrait devant qu'être à la ville.
« La prière, dit-il, n'en est pas incivile :
10 Moitié de ce fardeau ne vous sera que jeu. »
Le Cheval refusa, fit une pétarade[1] :
Tant qu'il vit sous le faix mourir son camarade,
            Et reconnut qu'il avait tort.
            Du Baudet, en cette aventure,
15   On lui fit porter la voiture[2],
            Et la peau par-dessus encor.

17.   Le Chien qui lâche sa proie pour l'ombre

            Chacun se trompe ici-bas.
            On voit courir après l'ombre
            Tant de fous, qu'on n'en sait pas
            La plupart du temps le nombre.
5 Au Chien dont parle Ésope il faut les renvoyer[3].

Ce Chien, voyant sa proie en l'eau représentée,
La quitta pour l'image, et pensa se noyer.
La rivière devint tout d'un coup agitée ;
            À toute peine il regagna les bords,
10   Et n'eut ni l'ombre ni le corps.

---

1. **Pétarade :** ruade.
2. **Voiture :** la charge portée par l'âne puis par le cheval.
3. **Il faut les renvoyer :** il faut leur faire lire.

18.   Le Chartier embourbé

Le phaéton[1] d'une voiture à foin
Vit son char embourbé. Le pauvre homme était loin
De tout humain secours : c'était à la campagne,
Près d'un certain canton de la basse Bretagne,
5   Appelé Quimper-Corentin[2].
  On sait assez que le destin
Adresse là les gens quand il veut qu'on enrage :
  Dieu nous préserve du voyage !
Pour venir au Chartier embourbé dans ces lieux,
10 Le voilà qui déteste et jure de son mieux,
   Pestant, en sa fureur extrême,
Tantôt contre les trous, puis contre ses chevaux,
  Contre son char, contre lui même.
Il invoque à la fin le dieu dont les travaux
15   Sont si célèbres dans le monde :
« Hercule[3], lui dit-il, aide-moi. Si ton dos
   A porté la machine ronde[4],
  Ton bras peut me tirer d'ici. »
Sa prière étant faite, il entend dans la nue
20 Une voix qui lui parle ainsi :
  « Hercule veut qu'on se remue ;
Puis il aide les gens. Regarde d'où provient
  L'achoppement[5] qui te retient ;
  Ôte d'autour de chaque roue
25 Ce malheureux mortier[6], cette maudite boue

---

1. **Phaéton** : dieu de la mythologie antique qui, autorisé par son père Apollon à conduire son char (le Soleil), faillit embraser l'univers et fut foudroyé par Jupiter ; employé ici par dérision pour désigner le charretier.
2. **Quimper-Corentin** : lieu d'exil au XVIIᵉ siècle, la Bretagne était considérée comme la région la plus reculée du royaume.
3. **Hercule** : héros de la mythologie antique à qui l'on attribue douze travaux.
4. **La machine ronde** : la Terre.
5. **Achoppement** : obstacle.
6. **Mortier** : mélange épais de terre.

« *Le Charretier embourbé* ».
Paris, Bibliothèque nationale.

Qui jusqu'à l'essieu les enduit ;
Prends ton pic et me romps ce caillou qui te nuit ;
Comble-moi cette ornière[1]. As-tu fait ? – Oui, dit l'homme.
– Or bien je vas t'aider, dit la voix. Prends ton fouet.
30 – Je l'ai pris. Qu'est ceci ? mon char marche à souhait :
Hercule en soit loué ! » Lors la voix : « Tu vois comme
Tes chevaux aisément se sont tirés de là.
            Aide-toi, le Ciel t'aidera. »

19.   Le Charlatan

Le monde n'a jamais manqué de charlatans.
            Cette science, de tout temps,
            Fut en professeurs très fertile.
Tantôt l'un en théâtre affronte l'Achéron[2],
5   Et l'autre affiche par la ville
            Qu'il est un passe-Cicéron[3].

            Un des derniers se vantait d'être
            En éloquence si grand maître,
10   Qu'il rendrait disert[4] un badaud[5],
            Un manant, un rustre, un lourdaud :
« Oui, Messieurs, un lourdaud, un animal, un âne.
Que l'on m'amène un âne, un âne renforcé[6] :
            Je le rendrai maître passé[7],

---

1. **Ornière** : trace creusée dans les chemins pas les roues des voitures.
2. **Achéron** : fleuve des Enfers dans la mythologie antique ; il s'agit des marchands qui vendaient des contrepoisons.
3. **Passe-Cicéron** : orateur qui dépasse Cicéron, modèle romain de l'orateur.
4. **Disert** : qui parle avec facilité et élégance.
5. **Badaud** : niais qui admire tout.
6. **Renforcé** : idiot, stupide (dans le contexte).
7. **Maître passé** : reçu, diplômé comme maître.

Et veux qu'il porte la soutane[1]. »
15 Le prince sut la chose ; il manda le Rhéteur.
« J'ai, dit-il, en mon écurie
Un fort beau roussin d'Arcadie[2] ;
J'en voudrais faire un orateur.
– Sire, vous pouvez tout », reprit d'abord notre homme.
20   On lui donna certaine somme.
Il devait au bout de dix ans
Mettre son âne sur les bancs[3] ;
Sinon, il consentait d'être, en place publique,
Guindé la hart au col[4], étranglé court et net,
25   Ayant au dos sa rhétorique[5]
et les oreilles d'un baudet.
Quelqu'un de courtisans lui dit qu'à la potence
Il voulait l'aller voir, et que, pour un pendu,
Il aurait bonne grâce et beaucoup de prestance ;
30 Surtout qu'il se souvînt de faire à l'assistance
Un discours où son art fût au long étendu,
Un discours pathétique, et dont le formulaire[6]
Servît à certains Cicérons
Vulgairement nommés larrons.
35   L'autre reprit : « Avant l'affaire,
Le roi, l'âne, ou moi, nous mourrons. »

Il avait raison. C'est folie.
De compter sur dix ans de vie.

---

1. **Soutane** : robe des membres du clergé ; ici : robe des hommes de lettres gradés de l'université.
2. **Roussin d'Arcadie** : cheval robuste issu de l'Arcadie, le pays des bergers dans l'antiquité, où l'on ne trouvait en fait que des ânes.
3. **Mettre sur les bancs** : faire passer les degrés universitaires.
4. **Guinder** : hisser ; **la hart au col** : expression qui désigne le condamné à la pendaison.
5. **Sa rhétorique** : son œuvre sur la rhétorique ; on plaçait des écriteaux sur le dos des condamnés à mort.
6. **Formulaire** : texte écrit.

« LE CHARLATAN »

REPÈRES

1. Où se déroule cette fable ? Quels en sont les principaux protagonistes ?

OBSERVATION

2. Qu'est-ce qu'un charlatan ? Est-ce un terme péjoratif ? Peut-on leur faire confiance ?

3. De quoi se vante le charlatan ? Est-ce vraisemblable ? Relevez les termes qui s'opposent un à un.

4. Que lui demande le prince ?

5. Pourquoi « Cicéron » rime-t-il avec « larrons » ? Qu'est-ce que cela nous apprend sur ce que le courtisan pense du charlatan ?

6. Combien de vers sont consacrés aux paroles du courtisan ? Combien à celles du charlatan ? À quoi comprend-on que le courtisan est antipathique ? Quel est son ton ?

INTERPRÉTATIONS

7. Expliquez comment le charlatan compte se sortir de sa promesse irréalisable.

8. Quelle leçon le poète retire-t-il de cette fable ? L'épicurisme est une doctrine (celle d'Épicure, philosophe de l'Antiquité) qui accorde une grande importance au plaisir. La morale de cette fable vous semble-t-elle épicurienne ? Pourquoi ?

Soyons bien buvants, bien mangeants :
40 Nous devons à la mort de trois l'un en dix ans.

20. La Discorde[1]

La déesse Discorde ayant brouillé les dieux,
Et fait un grand procès là-haut pour une pomme,
On la fit déloger des cieux.
Chez l'animal qu'on appelle homme
5 On la reçut à bras ouverts,
Elle et Que-si-Que-non[2], son frère,
Avecque Tien-et-Mien[3], son père.
Elle nous fit l'honneur en ce bas univers
De préférer notre hémisphère
10 À celui des mortels qui nous sont opposés,
Gens grossiers, peu civilisés,
Et qui, se mariant sans prêtre et sans notaire,
De la Discorde n'ont que faire.
Pour la faire trouver aux lieux où le besoin
15 Demandait qu'elle fût présente,
La Renommée[4] avait le soin
De l'avertir ; et l'autre, diligente,
Courait vite aux débats et prévenait[5] la paix,
Faisait d'une étincelle un feu long à s'éteindre.
20 La Renommée enfin commença de se plaindre
Que l'on ne lui trouvait jamais
De demeure fixe et certaine.
Bien souvent l'on perdait, à la chercher, sa peine

---

1. **La Discorde** : déesse du désaccord, de la zizanie.
2. **Que-si-que-non** : formule ridiculisant les disputes entre théologiens.
3. **Tien-et-mien** : formule ridiculisant les disputes entre propriétaires.
4. **Renommée** : déesse de la célébrité.
5. **Prévenir** : précéder.

Il fallait donc qu'elle eût un séjour affecté[1],
25 Un séjour d'où l'on pût en toutes les familles
      L'envoyer à jour arrêté[2].
Comme il n'était alors aucun couvent de filles,
      On y trouva difficulté.
      L'auberge enfin de l'Hyménée
30   Lui fut pour maison assinée[3].

21.   La Jeune Veuve

La perte d'un époux ne va point sans soupirs ;
On fait beaucoup de bruit ; et puis on se console :
Sur les ailes du Temps la tristesse s'envole,
      Le Temps ramène les plaisirs.
5   Entre la veuve d'une année
      Et la veuve d'une journée
La différence est grande ; on ne croirait jamais
      Que ce fût la même personne :
L'une fait fuir les gens, et l'autre a mille attraits.
10 Aux soupirs vrais ou faux celle-là s'abandonne ;
C'est toujours même note et pareil entretien ;
      On dit qu'on est inconsolable ;
      On le dit, mais il n'en est rien.
      Comme on verra par cette fable,
15   Ou plutôt par la vérité.

      L'époux d'une jeune beauté
Partait pour l'autre monde. À ses côtés, sa femme
Lui criait : « Attends-moi, je te suis ; et mon âme,
Aussi bien que la tienne, est prête à s'envoler. »

---

1. **Un séjour affecté** : un lieu de résidence particulier.
2. **Arrêté** : fixe.
3. **Assinée** : assignée.

20   Le mari fait seul le voyage[1].
La belle avait un père, homme prudent et sage,
        Il laissa le torrent couler.
        À la fin, pour la consoler :
  « Ma fille, lui dit-il, c'est trop verser de larmes :
25 Qu'a besoin le défunt que vous noyiez vos charmes ?
Puisqu'il est des vivants, ne songez plus aux morts.
        Je ne dis pas que tout à l'heure[2]
        Une condition meilleure
        Change en des noces ces transports ;
30 Mais après certain temps, souffrez[3] qu'on vous propose
Un époux beau, bien fait, jeune, et tout autre chose
        Que le défunt. – Ah ! dit-elle aussitôt,
        Un cloître[4] est l'époux qu'il me faut. »

« La Jeune Veuve ».
Illustration de Gustave Doré de 1868.
Paris, Bibliothèque nationale.

1. **Voyage :** de la vie à la mort.
2. **Tout à l'heure :** aussitôt.
3. **Souffrir :** supporter, accepter.
4. **Cloître :** partie d'un monastère interdite aux profanes.

Le père lui laissa digérer sa disgrâce[1].
35   Un mois de la sorte se passe ;
L'autre mois, on l'emploie à changer tous les jours
Quelque chose à l'habit, au linge, à la coiffure :
          Le deuil enfin sert de parure,
          En attendant d'autres atours[2] ;
40   Toute la bande des amours
Revient au colombier[3] ; les jeux, les ris, la danse,
          Ont aussi leur tour à la fin :
          On se plonge soir et matin
          Dans la fontaine de Jouvence[4].
45 Le père ne craint plus ce défunt tant chéri ;
Mais comme il ne parlait de rien à notre belle :
          « Où donc est le jeune mari
          Que vous m'avez promis ? » dit-elle.

---

1. **Disgrâce** : événement malheureux.
2. **Atours** : parure, ornements.
3. **Colombier** : pigeonnier ; les amours sont comme des pigeons voyageurs qui finissent par revenir à leur point de départ.
4. **Fontaine de Jouvence** : fontaine mythique qui redonnait leur jeunesse aux vieilles personnes et qui guérissait les malades.

« LA JEUNE VEUVE »

REPÈRES

1. Y a-t-il une morale dans cette fable ? À quel autre genre cette dernière vous fait-elle penser ?

OBSERVATION

2. Relevez dans la première partie les termes ou expressions qui s'opposent deux à deux et les répétitions de mots.

3. Qu'est-ce qui caractérise l'attitude de la jeune veuve après le décès de son mari ? Pourquoi le narrateur précise-t-il que ce dernier « fait seul le voyage », puis que son père « laissa le *torrent* couler » ? Qu'indiquent ces expressions de la part du narrateur à l'égard de la jeune femme ; quel est le ton employé ?

4. Montrez que le père est « prudent et sage ». Quelle est son attitude lorsque sa fille pleure et lorsqu'elle décide de rentrer dans un cloître ? Émettez une hypothèse pour l'expliquer.

5. La Fontaine est-il très hostile à la jeune veuve ? Quel rôle joue son père ? Est-elle seule responsable de son changement d'avis ?

6. Quel est l'effet produit par la question finale de la jeune femme ?

INTERPRÉTATIONS

7. De quoi fait-on la satire dans cette fable ?

8. En quoi l'aventure de la jeune veuve illustre-t-elle les principes généraux énoncés dans la première partie de la fable ? Quelle expression du narrateur nous indique que son récit est un exemple ?

DE LA LECTURE À L'ÉCRITURE

9. Imaginez les arguments du père pour faire sortir sa fille du couvent et composez la lettre qu'il lui enverrait.

Épilogue

Bornons ici cette carrière[1] :
Les longs ouvrages me font peur.
Loin d'épuiser une matière,
On n'en doit prendre que la fleur.
5   Il s'en va temps[2] que je reprenne
Un peu de forces et d'haleine
Pour fournir à d'autres projets.
Amour, ce tyran de ma vie,
Veut que je change de sujets :
10   Il faut contenter son envie.
Retournons à Psyché[3]. Damon[4], vous m'exhortez
À peindre ses malheurs et ses félicités :
J'y consens ; peut-être ma veine
En sa faveur s'échauffera.
15 Heureux si ce travail est la dernière peine
Que son époux me causera !

De la Fontaine.

---

1. **Carrière :** La Fontaine fait comme s'il n'écrirait plus de fables désormais, c'est donc la fin (provisoire) de sa carrière de fabuliste.
2. **Il s'en va temps :** il est temps.
3. **Psyché :** renvoie au conte de La Fontaine : *Les Amours de Psyché et de Cupidon.*
4. **Damon :** prénom conventionnel qui désigne sans doute Maucroix, l'ami de La Fontaine.

Politique des Fables

Le premier recueil des *Fables* invite le lecteur à s'interroger sur la nature de la fable selon La Fontaine, par-delà les habitudes et les usages acquis dans les collèges ou par des lectures : le poète ne nous indique pas toujours le sens qu'il convient de donner à certaines fables. Il importe donc d'adopter une certaine prudence dans notre jugement.

Les ambiguïtés des *Fables*

Ce sont la complexité de certaines fables et leur interprétation d'apparence parfois immorale qui ont conduit les éditeurs, les enseignants et les lecteurs de La Fontaine à se demander quel était vraiment son but. Comment expliquer, par exemple, que la vie de la peu charitable fourmi semble préférable à celle de la sympathique cigale ? Faut-il vraiment, comme le renard, flatter autrui pour obtenir ce que l'on veut ? Comment, si l'on n'est pas averti, comprendre ces fables ?

Une certaine idée de l'ordre social

Une société stable repose sur la fixation des rôles et des situations sociales. La société française à l'époque de La Fontaine est profondément inégalitaire : les écarts sont immenses entre les plus riches et les plus démunis. Or, par sa défense de la prudence, qui est aussi une reconnaissance de la nécessité de l'immobilisme, La Fontaine défend (ce qui est alors une attitude courante parmi les hommes de lettres) l'ordre social tel qu'il est, avec ses inégalités et ses injustices. Les *Fables* exigent donc une lecture attentive. Le lecteur est invité à partager une conception à la fois très conservatrice et pessimiste de la société. Il est donc témoin d'une injustice triomphante et associé au maintien de cette situation.

Comment lire l'œuvre

Une heureuse diversité :
le « juste tempérament »

Il est frappant que, d'une manière générale, l'art de La Fontaine réside dans sa capacité à fondre en une savante combinaison des éléments qui n'y sont pas destinés, voire qui s'excluent. N'écrit-il pas dans son conte « Le pâté d'anguille » : « diversité, c'est ma devise » ? Les *Fables* se caractérisent ainsi par une variété qui touche chacun de leurs aspects. Sont-elles pour autant entièrement désordonnées et sans unité stylistique ?

« Une ample comédie à cent actes divers »

Ces mots extraits de la fable « Le Bûcheron et Mercure » sont symboliques de l'ensemble des fables. Leurs « cent actes divers », comme la diversité faite devise, expriment le souci qui anime le poète dont tout le travail réside dans l'ornementation, du côté de ce qu'il ajoute aux récits fabuleux dont il s'inspire : ses fables sont des *fables, mises en vers*. Résistant au modèle de la fable brève, composée d'un récit court et d'une moralité plus brève encore, La Fontaine multiplie les combinaisons possibles : moralité en premier, absence de moralité, moralité double, récit fort long, etc. ; il mêle aussi aux traditionnels animaux de la fable (qui ne sont pas présents dans la moitié de ses fables !) des membres du corps humain, des maladies, des arbres et des plantes ; enfin, il entrelace les tons et les différents mètres, les facéties et la verve satirique, etc.

On comprend que le principe de la variété expose les fables à passer pour inégales et irrégulières par la juxtaposition d'éléments incompatibles. Elles risquaient alors de déplaire au public : celui-ci ne tolère ni les excès (style trop élevé ou style trop bas, grossier), ni les écarts trop importants.

La question du « tempérament »

Toutefois, il est manifeste que La Fontaine n'est jamais grossier ni vulgaire et qu'il ne se pique d'héroïque que de manière très ponctuelle et le plus souvent plaisante. Sa gaieté ne pourrait de toute façon s'accommoder de l'éclat de rire provoqué par la trivialité, ni de l'élévation morale des héros épiques. Comment, pourtant, justifier et assortir les éléments de la diversité ?

Dans la préface des *Amours de Psyché et de Cupidon*, La Fontaine explique que : « l'uniformité de style est la règle la plus étroite que nous ayons. [...] Il me fallait réduire [mon style] dans un juste tempérament. J'ai cherché ce tempérament avec un grand soin ». Le tempérament est le mélange harmonieux des contraires. Ce terme appartient au vocabulaire de la musique et désigne une opération qui permet d'éviter les dissonances. Il désigne donc chez La Fontaine la recherche d'un équilibre, d'une concorde sous la diversité, d'une fusion des disparates, sans écarts ni dissonances. Le poète parvient à de subtils dosages où se côtoient le burlesque tempéré, le style héroïque, le récit, le dialogue et la description, etc. Il parvient alors à un juste équilibre entre les différentes inspirations qu'il agence dans la fable.

Correspondances

—1—————————————————————————

Comme La Fontaine, Saint-Amant développe l'idée
que la poésie nécessite le mélange des genres. Le
comique exige ainsi d'être « relevé » d'éléments plus
sérieux afin de ne pas faire rire seulement le peuple (les
« crocheteurs »), mais de plaire à un public plus raffiné, celui des « honnêtes gens ».

« Puisque selon l'opinion du plus grand et du plus judicieux
de tous les philosophes, le principal but de la poésie doit être
de plaire, et que la joie est ce qui contribue le plus à l'entretien de la santé [...], je tiens pour maxime indubitable que les
plus gaies productions de ce bel art qui, laissant les épines
aux sciences ne se compose, doivent être les plus recherchées
et les plus chéries du monde. [...] Il faut que la [naïveté
comique] soit entremêlée de quelque chose de vif, de noble et
de fort qui la relève. Il faut savoir mettre le sel, le poivre et
l'ail à propos en cette sauce, autrement au lieu de chatouiller
le goût et de faire épanouir la rate de bonne grâce aux honnêtes gens, on ne touchera ni on ne fera rire que les crocheteurs. [...] Il est vrai que ce genre d'écrire composé de deux
génies si différents fait un effet merveilleux ; mais il n'appartient pas à toutes les sortes de plumes de s'en mêler. »

Saint-Amant, préface du « Passage de Gibraltar », 1631.

—2—————————————————————————

Plus proche de La Fontaine dans le temps, Pellisson
fait l'éloge de son ami poète, Sarasin, qui vient de
mourir. Il imagine, sur le modèle du génie de Sarasin,
un poète talentueux qui saurait passer d'un ton à
l'autre ou d'un genre à l'autre sans rupture ni disso-

nance. C'est dans la conjonction harmonieuse des formes et des inspirations que se distinguera ce poète.

« Sa lumière sera comme celle du soleil, de laquelle les philosophes disent qu'elle n'est d'aucune couleur et n'est pas elle-même une couleur, mais qu'elle devient toutes les couleurs, suivant les objets où elle est reçue. Il accordera les choses sérieuses et les galantes ; pour être capable de la poésie la plus sublime, il ne sera pas incapable de la plus basse. Ses vers ne l'empêcheront pas d'écrire raisonnablement en prose ; s'il sait écrire une histoire, il ne laissera pas de savoir faire un dialogue ou une dissertation [...]. Tels sont les génies de premier ordre, et tel paraîtra, si je ne me trompe, [...] le génie de M. Sarasin. »

De plus :

« la variété [...] est utile et louable en toute sorte d'ouvrages, mais absolument nécessaire en ceux qui ne se proposent pour but que le plaisir. Celui-ci est plaisant partout, mais de plusieurs sortes différentes. Combien voyons-nous de gens, au contraire, qui croient faire une bonne pièce d'une seule pensée, ou du moins de plusieurs pensées de même espèce qui n'ont toutes qu'un même fondement. »

Pellisson, *Discours sur les œuvres de M. Sarasin*, 1655.

La gaieté des *Fables*

Le plaisir roi ?

« On ne considère en France que ce qui plaît : c'est la grande règle, et pour ainsi dire la seule », écrit La Fontaine dans sa préface. A-t-il sacrifié pour son public l'utilité de sa poésie au bénéfice de l'agrément qu'elle peut apporter ?

En diminuant le rôle de l'apologue final, de la morale en somme, et en répétant l'importance qu'il accorde au plaisir, La Fontaine semble ériger le plaisir en principe et comme oublier la fonction morale de sa poésie. De plus, les premiers livres des *Fables* apparaissent dans le début de règne euphorique de Louis XIV, à un moment où les fêtes somptueuses de Versailles et où l'esprit de loisirs se sont emparé de la cour et des mondains qui fréquentent les salons.

La Fontaine déclare pourtant dans sa préface qu'il accorde une grande importance à la fonction morale de la fable : « L'apparence en est puérile, je le confesse ; mais ces puérilités servent d'enveloppe à des vérités importantes. » À propos d'Ésope, auquel il finit par se comparer, il ajoute : « la lecture de son ouvrage répand insensiblement dans une âme les semences de la vertu, et lui apprend à se connaître sans qu'elle s'aperçoive de cette étude, et tandis qu'elle croit faire tout autre chose. C'est une adresse dont s'est servi très heureusement celui sur lequel Sa Majesté a jeté les yeux pour vous donner des instructions. » L'oubli de la morale par La Fontaine n'est donc qu'un effet d'optique. Il n'y a aucune ambiguïté : en dépit des apparences, les *Fables* ont pour but d'enseigner.

Comment céder aux désirs du public (la « règle » du plaisir) tout en conservant la fonction pédagogique du genre ? Enrober ce message d'un trait plaisant ne suffirait à en camoufler vraiment la dimension morale dont se méfie son public qui connaît déjà les fables ésopiques. Pour La Fontaine, la poésie se présente comme un exercice spirituel : le plaisir n'est pas là pour aider à faire mieux passer un message ou une morale, il renvoie à l'expérience humaine. C'est-à-dire que sous l'aspect d'animaux, de plantes ou des hommes confrontés à des situations où apparaissent aussi bien des dieux que des animaux parlants, la vie humaine est décrite et étudiée dans une large diversité. Si bien que le monde, tel un spectacle plaisant, apparaît au lecteur sous un jour badin que le poète élabore par son propre regard (dont son style est le relais) qu'il nous invite à adopter. La Fontaine nous propose donc une éducation originale : une éducation au plaisir par le plaisir. Il tente de nous apprendre à vivre dans l'enjouement, à savoir jouir de la vie par le biais du plaisir que nous offre les *Fables*. C'est ainsi que toute sorte de sujets, jusqu'aux plus sérieux et aux plus graves, sont soumis à la gaieté du poète et peuvent apparaître dans les *Fables*.

La gaieté

La Fontaine écrit en effet, toujours dans sa préface : « c'est ce qu'on demande aujourd'hui : on veut de la nouveauté et de la gaieté ». Ce terme de gaieté est fondamental pour comprendre l'œuvre de La Fontaine. C'est une notion galante, issue du modèle de l'urbanité romaine (*urbanitas*), qui désigne une manière d'être caractérisée par une certaine grâce, une mesure dans les attitudes, qui évitent tous les excès et tous les emportements. La gaieté du mondain est à l'origine de sa sociabilité : s'il sait demeurer enjoué et agréable en sachant la mêler habilement à toutes les discussions dans lesquelles il est impliqué. Il brille aisément, sans déplaire ni heurter. Il lui faut être de belle humeur. Cette norme sociale qui évalue un comportement est aussi une norme esthétique pour l'auteur des *Fables* : « Je n'appelle pas gaieté ce qui excite le rire ; mais un certain charme, un air agréable, qu'on peut donner à toutes sortes de sujets, même les plus sérieux. » Conformément à l'usage dans les salons, l'éclat de rire ne fait donc pas partie des effets recherchés par La Fontaine. Il lui préfère le sourire ou le rire modéré de celui qui découvre une morale se diffusant peu à peu, à mesure que le récit avance ; il lui préfère aussi l'association plus délicate de sujets graves avec un traitement amusant.

En d'autres termes, la gaieté est une sorte de manière d'être et d'écrire que le poète nous donne en modèle puisqu'il la pratique dans sa poésie et qu'il nous incite à adopter une vision du monde gouvernée par cet enjouement.

Correspondance

1

Pelisson défend les belles-lettres, donc la poésie, contre ceux qui les trouvent vaines et inutiles.

« [Ce sont des] écrits, qu'on traite communément de bagatelles, quand ils ne serviraient pas à régler les mœurs ou à éclairer l'esprit, comme ils le peuvent, comme ils le doivent, comme il le font d'ordinaire directement ou indirectement, pour le moins, sans avoir besoin que d'eux-mêmes, ils plaisent, ils divertissent, ils sèment et ils répandent partout la joie, qui est, après la vertu, le plus grand de tous les biens. »

Pellisson, *Discours sur les œuvres de M. Sarasin*, 1655.

Un art de vivre en société : une éthique du juste milieu

Malgré la diversité des protagonistes et des sujets abordés, les *Fables* délivrent une sagesse modeste et prudente selon laquelle il est préférable de rester à sa place en toute circonstance, sans entreprendre de se faire valoir, sans chercher à tirer profit des avantages dont la nature nous a doués ou sans chercher à s'extraire de sa position pour en acquérir une meilleure.

Être soi-même... ou devenir soi-même

L'envie qui gouverne la grenouille « qui se veut faire aussi grosse que le bœuf » provoque sa fin, par aveuglement à l'égard de sa nature véritable ; l'aventure des deux mulets indique que les charges les plus élevées sont aussi les plus risquées, et invite donc à la modestie et à la mesure. Il convient en effet de ne pas se tromper sur ses propres capacités et de ne pas ignorer ses défauts en ne voyant que ceux d'autrui : « La Besace », « L'Hirondelle et les Petits Oiseaux », « Le Chêne et le Roseau », « L'Homme et son Image » et « L'Enfant et le Maître d'école », chacune à sa manière, évoquent l'orgueil, la vanité et les dangers ou le ridicule qu'ils nous font encourir. Enfin, dans « Le Loup et le Chien », « La Mort et le Malheureux » et « La Mort et le Bûcheron », la Fontaine nous dit qu'il vaut mieux « souffrir que mourir », ou que perdre sa liberté. L'une des devises des *Fables* pourrait être : connais-toi toi-même.

Il est frappant que le poète adopte une distance ironique à l'égard de ses personnages. Qu'il envisage les relations amoureuses, dans « L'Homme entre deux âges [...] », la situation politique internationale dans « Les Voleurs et l'Âne » ou dans « Le Dragon à plusieurs têtes [...] », les lourdeurs de la justice en France dans « Les Frelons et les Mouches à miel », ou bien encore les relations en société dans « Le Corbeau et le Renard » et dans « Le Renard et la Cigogne », La Fontaine désapprouve les comportements de chacun dès lors qu'ils traduisent une volonté de s'imposer ou de tromper autrui, voire de l'anéantir.

On a déjà dit que La Fontaine proposait à son lecteur un modèle de prudence et de modestie qui consistait à se retenir de vouloir exercer le pouvoir qui est à notre disposition. Après tout, « on a souvent besoin d'un plus petit que soi » (II, 11). Autrement dit, les *Fables* appellent chacun à renoncer à sa force, physique ni symbolique, et à se respecter ainsi qu'autrui. Il ne faut pas se comporter comme un animal sauvage ou comme un homme non civilisé, qui suit son instinct et ses envies. Il faut au contraire faire de l'animal qui sommeille en chacun un homme, en le civilisant par la lecture des fables qui multiplient précisément les exemples d'une mauvaise administration de l'instinct. Ce n'est pas parce que l'on est doté d'une certaine force par la nature ou par la société que l'on peut en faire un usage abusif. Le comportement des puissants, tels les loups, les lions et les renards témoigne d'un abus d'autorité, d'une force qui ne se maîtrise pas.

Ainsi, à la manière d'un traité de civilité, les *Fables* enseignent à devenir humain, à faire effort sur soi, à se civiliser en luttant contre la tentation de se comporter comme un être sauvage. La variété de l'ouvrage aide le lecteur à acquérir une large vision du monde, qui ne soit pas en prise avec la seule expérience de chacun.

Images de la sagesse

Les *Fables* contiennent quelques représentations de sages qui se définissent par leur distance à l'égard des querelles du monde, qui comprennent les comportements de chacun, qui prévoient même l'avenir grâce à leur expérience, et qui n'imposent rien à personne. Bref, ces figures s'opposent à celles des puissants cruels et incapables de contenir leur force. La Fontaine enseigne ainsi à son lecteur que la fonction n'est rien et que le pouvoir qui nous est donné n'a de valeur que si l'on en fait bon usage. Cela signifie qu'il faut aussi être digne de sa charge, que l'on soit roi, juge, ou simple mortel.

Ces figures de la sagesse sont souvent radicalement différentes des figures du pouvoir. Il s'agit par exemple d'une hirondelle (I, 8), d'une guêpe juge (I, 21), d'un vieillard mourant (IV, 18) et d'un lion magnanime (II, 11). L'hirondelle, qui « en ses voyages / avait beaucoup appris », sait prévoir l'activité des paysans et les dangers qu'ils représentent. La guêpe, sur le conseil d'une abeille « fort prudente », choisit de régler l'affaire selon la raison en attribuant les rayons de miel abandonnés aux abeilles. Le vieillard mourant et faible sait seul, parmi ses fils en pleine force de l'âge, avides et individualistes, que l'union fait la force et qu'un partage équitable sauvera son héritage. Enfin, le lion qui voit passer un rat entre ses pattes donne l'exemple de la grandeur de la fonction qui ne fait pas usage de son pouvoir. Au lieu de tuer le petit animal, il lui laisse la vie sauve et « montra ce qu'il était ». La charge de roi impose une grande maîtrise de son pouvoir.

La Fontaine invite donc son lecteur à un usage raisonné et juste de sa force.

LE CORBEAU ET LE RENARD.

FABLE II.

« Le Corbeau et le Renard », par É. Fessard.
Paris, Bibliothèque nationale.

Correspondances

—1

« L'une des plus importantes et des plus universelles maximes que l'on doive suivre en ce commerce, est de modérer ses passions, et celles surtout qui s'échauffent le plus ordinairement dans la conversation, comme la colère, l'émulation, l'intempérance au discours, la vanité à tacher de paraître par-dessus les autres. Et à la suite de celles-ci, l'indiscrétion, l'opiniâtreté, l'aigreur, le dépit, l'impatience, la précipitation, et mille autres défauts, qui comme de sales ruisseaux coulent de ces vilaines sources. [...] Soyons donc maîtres de nous-mêmes, et sachons commander à nos propres affections si nous désirons gagner celles d'autrui. Car il ne serait pas juste de prétendre à la conquête des volontés de tant d'honnêtes gens qui sont à la Cour, si premièrement nous n'avions appris à surmonter notre volonté propre, et lui donner des lois capables de l'arrêter toujours dans le centre de la raison. »

Nicolas Faret, *L'Honnête Homme*, 1630.

—2

« Le sage guérit de l'ambition par l'ambition même ; il tend à des si grandes choses, qu'il ne peut se borner à ce qu'on appelle des trésors, des postes, la fortune et la faveur : il ne voit rien dans de si faibles avantages qui soit assez bon et assez solide pour remplir son cœur, et pour mériter ses soins et ses désirs ; il a même besoin d'efforts pour ne pas les trop dédaigner. Le seul bien capable de le tenter est cette sorte de gloire qui devrait naître de la vertu toute pure et toute simple ; mais les hommes ne l'accordent guère, et il s'en passe. »

La Bruyère, les *Caractères*, 1687.

La réception

La postérité des *Fables* de La Fontaine se traduit aujourd'hui encore par de nombreuses publications qui témoignent de l'intérêt sans cesse renouvelé qu'on leur porte. Cela ne va pas sans certains changements de perspectives à leur égard et il est frappant de remarquer qu'elles sont devenues aujourd'hui de la littérature pour enfants plutôt que pour adultes.

Les lecteurs au XVIIᵉ siècle : adultes ou enfants ?

On peut évidemment se laisser tromper par la dédicace du premier recueil, adressée au fils de Louis XIV, « à Monseigneur le Dauphin ». Estimant que le genre de la fable n'était pas tout à fait digne d'un roi et qu'il ne pouvait donc pas lui être adressé, La Fontaine a préféré le dauphin. Cela ne signifie pas pour autant que le premier recueil est destiné à un public enfantin : le jeune prince, qui n'a alors que six ans et demi, est en fait considéré comme un roi en miniature, déjà doté de toute la raison et de tout le jugement de son père, et non pas comme un enfant. Et c'est davantage à une fonction politique qu'à un jeune enfant que s'adresse le poète, dans la mesure où le roi en est tout de même honoré, mais de manière indirecte. De plus, les dédicataires des autres livres sont soit des amis de La Fontaine, soit des membres de la famille royale, soit des personnages représentatifs de la vie culturelle des salons parisiens. Il s'agit donc pour le poète de définir son public, un public choisi, fin et en mesure de goûter sa poésie, et non pas un public d'enfants.

Il semble d'ailleurs qu'il n'existe pas de lectorat enfantin au XVIIe siècle. Les enfants partageaient le temps de leur éducation entre le catéchisme, qui se résume à un enseignement moral et religieux exclusivement oral, et l'école, plus ou moins gratuite, où ils apprenaient surtout à calculer sur leurs doigts, à lire et éventuellement à écrire. Seuls ceux qui ont la chance d'aller au collège (enfants de la noblesse et des élites des classes moyennes ; les autres commençant déjà à se former professionnellement) ont accès aux belles-lettres, mais sous la forme d'exercices de récriture et d'imitation. On doit comprendre que, dans la France du XVIIe siècle, au catéchisme, à l'école, dans les collèges, mais aussi dans les livres que lisaient les adultes, se diffusaient à des degrés très divers d'élaboration les normes d'une civilisation policée et raffinée à laquelle les *Fables* proposaient des éléments de réflexion. La connaissance que des enfants pouvaient avoir des *Fables* était surtout due à une lecture domestique qu'ils assuraient eux-mêmes ou plus probablement prise en charge par des adultes. Elle était donc infiniment plus rare que celle qu'en avaient les adultes.

Du moraliste au fabuliste

La Fontaine fut d'emblée comparé par ses contemporains aux auteurs à la mode en son temps, aux plus célébrés des générations précédentes, et aux plus illustres des poètes anciens. Ses contemporains, comme La Bruyère, Fénelon ou Charles Perrault, virent en lui le digne héritier de Voiture, de Marot, de Ronsard, de Rabelais, mais aussi de Térence, d'Horace, d'Anacréon, de Phèdre et d'Ésope lui-même, autant de maîtres qu'il aurait imités puis dépassés grâce à son immense talent. En tant que fabuliste, il est tenu pour un moraliste voué à indiquer à ses lecteurs certaine voie morale à suivre, ou à leur enseigner l'art de la prudence ou la manière de se comporter en société. Fénelon en fait ainsi un auteur privilégié des « doctes ». Charles Perrault, quant à lui, affirme dans *Les Hommes illustres* (1696), au sujet des *Fables,* qu'il « est malaisé de faire une lecture plus utile et plus agréable tout ensemble ».

C'est ainsi que Rousseau, dans l'*Émile* (livre II), commente de manière tout à fait intéressante l'effet des *Fables* sur les enfants qui en feraient la lecture. Il remarque qu'un jeune enfant risque de se méprendre sur le sens des textes. Il risque même de les comprendre dans un sens opposé à celui voulu par l'auteur, et de devenir moins bon que la fable vise à améliorer son lecteur ! Il ajoute en outre que le désir d'être le plus fort, de présider ou simplement d'avoir le meilleur rôle, est susceptible, par identification, de faire adhérer le jeune lecteur à une morale qui n'est pas forcément juste ni bonne. La raison du plus fort, par exemple. Il écrit ainsi : « [...] pour mon élève, permettez que je ne lui en laisse pas étudier une seule, jusqu'à ce que vous m'ayez prouvé qu'il est bon pour lui d'apprendre des choses dont il ne comprendra pas le quart, que dans celles qu'il pourra comprendre il ne prendra jamais le change, et qu'au lieu de se corriger sur la dupe il ne se formera pas sur le fripon ». Cet extrait nous apprend une chose fondamentale : si l'on a pu envisager de faire lire les *Fables* aux enfants, ce qui indique que les fables peuvent apparaître comme une lecture enfantine (et que les mentalités ont changé), elles demeurent cependant une lecture d'adultes. Cette idée de La Fontaine écrivant pour les enfants seulement provient sans doute de la nature même de l'éloge qui traverse l'histoire des jugements portés sur son œuvre et qui tient à son style agréable, riant et charmeur, en bref propre à séduire surtout de jeunes lecteurs.

Les *Fables* à l'école

Il faut dire que le XVIIIe siècle voit les *Fables* devenir peu à peu un outil essentiel du système scolaire français puisqu'elles apparaissent dans les programmes. On les trouve ainsi dans des manuels de latin et de grec, à côté des fables d'Ésope et de Phèdre, dans des manuels de français, mais aussi sous forme d'affiches illustrées sur les murs des classes. De sorte qu'au XIXe siècle, La Fontaine fait partie des auteurs les plus étudiés, en particulier au collège et en classe de rhétorique (après la troisième et la seconde) au lycée. Il n'est pourtant pas inscrit au programme du baccalauréat. On lui préfère des auteurs plus sérieux comme La Bruyère, Corneille, Racine et Bossuet. Les fables retrouvent donc le rôle qu'elles avaient généralement avant que La Fontaine ne s'en empare, celui d'un exercice scolaire. Elles servent souvent de répertoire d'exemples dont l'élève tirera un profit moral.

Mais face à des fables parfois ambiguës ou trop complexes, on les sélectionne en n'étudiant que celles qui sont aujourd'hui les plus connues : « Le Renard et la Cigogne », « Le Loup et l'Agneau », « La Cigale et la Fourmi », etc. Il arrive même que l'on retire quelques fables à des éditions dites complètes, afin que le jeune public ne soit pas exposé à une morale jugée… immorale par les éditeurs. Enfin, elles sont parfois mises en dialogues ou corrigées : dans « Le Loup et l'Agneau », un dogue survient au dernier moment et sauve l'agneau. Les *Fables* sont désormais considérées comme écrites pour de jeunes enfants. À tel point qu'on les traduit en breton, en basque, en créole et dans d'autres langues régionales, afin de toucher un très vaste public enfantin français au début du XXᵉ siècle ; enfin, elles ont fait l'objet de réécritures argotiques, « Le Corbeau et le Renard » devenant « Le Corbac et le Goupil », « Le Lièvre et la Tortue » devenant « Le Gibelot et la Tortoche » !

Jugements critiques

« Je ne suis point du tout de ceux qui dédaignent un peu ces premières fables de La Fontaine. [Elles] gardent une densité, un poids, une épaisseur à la Breughel, qui me ravissent ; et particulièrement « *Le Loup et l'Agneau* », cette merveille. Pas un mot de trop ; pas un trait, par un des propos du dialogue, qui ne soit révélateur. C'est un objet parfait. » (Mai 1943.)

André Gide, *Journal*, 1939-1949.

Voltaire classe La Fontaine parmi les auteurs de son temps, dont Racine ou Bossuet.

« La Fontaine, bien moins châtié dans son style, bien moins correct dans son langage, mais unique dans sa naïveté et dans les grâces qui lui sont propres, se mit, par les choses les plus simples, presque à côté de ces hommes sublimes. »

Voltaire, *Le Siècle de Louis XIV*, 1756.

À propos de la démarcation entre les bons et les méchants :

« La Fontaine, suprêmement cynique, ne fait pas manger toujours les mêmes. L'éducation ne consiste pas à confondre le mal et le bien, mais, au contraire, à les isoler, et c'est ce que ne fait pas La Fontaine. L'enfant ne sort pas de cette lecture en croyant qu'il y a des méchants et des bons, des simples et des orgueilleux, des naïfs et des rusés mais en croyant qu'on peut être tout cela à la fois. Bref, l'enfant qui serait élevé strictement selon l'enseignement de La Fontaine entrerait dans la vie avec tous les défauts que les fabulistes moraux cherchent à lui enlever. »

Jean Giraudoux, *Les Cinq Tentations de La Fontaine*, 1936.

« La Fontaine plaide, dans ses *Fables*, pour le droit du plus fort ; il en fait une morale, et pour le prouver, il joue très habilement de son ignorance, de son faux bon sens. Il se refuse cyniquement à voir plus loin que la perfection de l'ombre animale. Éloignons-le des rives de l'espérance humaine. »

Paul Eluard, *Anthologie de la poésie du passé*, 1960.

La dimension pédagogique des *Fables*

Dans son programme d'éducation, Érasme donne à la fable une grande importance, en soulignant qu'elle permet d'enseigner tout en divertissant.

« Est-il rien de plus délicieux que les fables des poètes ? Leurs séduisants attraits charment les oreilles enfantines, tandis qu'à leur tour, les adultes y trouvent le plus grand profit tant pour la connaissance de la langue que pour la formation du jugement et la richesse de l'expression. Quoi de plus plaisant à écouter pour un enfant que les apologues d'Ésope qui, par le rire et la fantaisie, n'en transmettent pas moins des préceptes philosophiques sérieux ? »

Érasme, *De l'éducation des enfants*, 1529.

Le Père Ménestrier défend aussi le plaisir de la fable en expliquant qu'il facilite l'accès à l'immense savoir qu'elle peut enseigner.

« C'est donc un grand fonds d'emblèmes que les fables, et les apologues des Anciens, qui sous les voiles de ces fables enseignaient de grandes vérités pour la conduite des mœurs, et pour expliquer les propriétés des choses. »
« Les apologues d'Ésope sont aussi d'eux-mêmes des emblèmes parce que ces apologues où les auteurs font parler les plantes, les animaux, et les autres choses naturelles ou artificielles ont toujours leur instruction morale jointe aux discours et aux actions de ces animaux. »

« L'Éducation », fable d'Ésope
par Isaac Nicolas.

« C'est par ce doux artifice que l'on ôte aux enseigne-ment cet air de dureté qui les fait paraître sévères, et avec le secours de ces figures, on fait aisément conce-voir ce qu'il n'est pas toujours facile de faire entendre aux personnes qu'on veut instruire. C'est de ces images que l'éloquence et la poésie se servent avec tant de succès, que rien n'est si efficace pour la per-suasion que ce qui entre de cette manière dans les cœurs et dans les esprits. »

Père Ménestrier, *L'Art des emblèmes*, 1684.

Dans ce récit à caractère autobiographique, le narrateur relate son éducation et montre que les fables antiques étaient bien connues des collé-giens du XVIIe siècle et servaient souvent de sup-port à des exercices d'écriture.

« J'étais le vivant répertoire des romans et des contes fabuleux ; j'étais capable de charmer toutes les oreilles oisives ; je tenais en réserve des entretiens pour toutes sortes de personnes, et des amusements pour tous les âges. Je pouvais agréablement et facilement débiter toutes les fables qui nous sont connues jusqu'à celles d'Ésope et de Peau d'Âne. »

Tristan L'Hermite, *Le Page disgracié*, 1642.

L'auteur explique dans sa préface la fonction des fables : il met nettement l'accent sur leur dimen-sion pédagogique.

« Les hommes sages […], pénétrant jusque dans le fonds de ces fables, y découvrent de tous les côtés des instruc-tions très hautes, et d'autant plus utiles, qu'elles sont mêlées avec des fictions ingénieuses et divertissantes. Ils contemplent avec plaisir et avec estime ces tableaux excellents de tout ce qui se passe dans le monde, dont les traits ne sont pas formés avec des couleurs mortes, mais avec des créatures vivantes et animées, et qui ne représentent pas seulement le visage ou la posture d'un homme, mais les actions de l'esprit, et toute la conduite de la vie. »

Isaac Le Maître de Sacy, *Les Fables de Phèdre*, 1647.

Petit lexique des *Fables*

Aucuns
Plusieurs.

Autour
Oiseau rapace utilisé pour la chasse.

Censurer
Critiquer, condamner.

Chère
Repas ou accueil.

Choir
Tomber.

Cognée
Hache.

Compère, commère
Ami.

Devant que
Avant que.

Éclore
Sortir de l'œuf.

Faîte
Sommet.

Fort
Abri d'une bête sauvage.

Gageure
Action ou projet difficile à exécuter, au point de passer pour l'objet d'un pari.

Galant (ou Galand)
Habile, rusé.

Goutte
Inflammation très douloureuse qui atteint surtout les pieds.

Hippocrate
Célèbre médecin grec de l'Antiquité.

Hymen, hyménée
Mariage.

Jupiter
Roi des dieux de la mythologie antique.

Lapidaire
Joaillier.

Larron
Voleur.

Manant
Paysan.

Mercure
Dieu chargé des messages dans la mythologie antique.

Messer
Forme italienne de messire.

Obole
Poids de dix grains ; infime contribution.

Ramage
Chant des oiseaux.

Ramée
Branches d'arbres.

Reliefs
Ce qui reste après un repas.

Rôt
Rôti ; mais peut aussi désigner le repas.

Se panader
Paradon

Se piquer
Se sentir offensé ou bien se flatter, s'enorgueillir, se vanter.

Souffrir
Supporter, accepter.

Sou ou Soûl, dîner son
Manger à sa fin, selon son envie.

Tribut
Contribution, ce que l'on paie.

Zéphyr
Ou zéphir (chez La Fontaine), vent printanier.

Compléments notionnels

Alexandrin (*nom masc.*)
Vers de douze syllabes ; il comporte une césure en son milieu, c'est-à-dire après la sixième syllabe.

Allégorie (*nom fém.*)
Image développée dans un contexte narratif qui a une portée symbolique et qui renvoie terme à terme à une idée d'ordre moral, philosophique, etc.

Apologue (*nom masc.*)
Récit bref qui contient un enseignement moral sous une forme imagée ; synonyme de fable.

Atticisme (*nom masc.*)
De Attique : qui a rapport avec Athènes, où l'on appréciait la brièveté stylistique ; d'où : brièveté dans le style.

Badinage (*nom masc.*)
Amusement, enjouement, manière de dire agréablement les choses.

Bestiaire (*nom masc.*)
Ouvrage illustré consacré aux animaux.

Burlesque (*nom masc. et adj.*)
Style comique qui parodie le style élevé (souvent celui de l'épopée). Il s'appuie sur des thèmes nobles ou sur des personnages héroïques qu'il intègre dans un univers dégradant, humble ou ridicule. Scarron, par exemple, réécrit l'épopée de Virgile (*L'Énéide*) sous le titre *L'Énéide travestie* (1648-1652) : les héros de l'œuvre latine, soldats, demi-dieux ou de rang royal, y apparaissent sous un jour nouveau, embourgeoisés, égoïstes et mesquins. Les procédés les plus courants du style burlesque sont l'anachronisme, les jeux de mots et la grossièreté. Ce style peut aussi n'apparaître qu'à l'échelle de quelques vers ou d'un bref passage dans un long poème, sans qu'il soit, comme chez Scarron, systématique.

Conte (*nom masc.*)
Récit d'aventures imaginaires qui visent à distraire ou, plus rarement, à instruire.

Dédicace (*nom fém.*)
La dédicace est le texte, en général bref, par lequel un auteur offre, ou dédie, son ouvrage à quelqu'un.

Églogue (*nom masc.*)
Petit poème pastoral ou champêtre.

Emblème (*nom masc.*)
Dessin de caractère symbolique accompagné d'un texte (ou devise) qui en explicite ou complète le sens.

Épigramme (*nom fém.*)
Court poème le plus souvent descriptif ou satirique.

Épique (*nom masc. et adj.*)
Qui raconte une action héroïque ; terme lié à l'épopée.

Épître (*nom fém.*)
Lettre en vers.

Gaieté (*nom fém.*)
« Je n'appelle pas gaieté ce qui excite le rire ; mais un certain charme, un air agréable, qu'on peut donner à toutes sortes de sujets, même les plus sérieux. » (La Fontaine, préface du premier recueil des *Fables*)

Galant (*nom masc. et adj.*)
Ce terme signifie souvent habile, rusé, dans les *Fables*, mais il peut aussi désigner un individu charmant, délicat, enjoué, amoureux, agréable et poli.

Lyrisme (*nom masc.*)
Évocation des émotions et des sentiments personnels de l'auteur.

Madrigal (*nom masc.*)
Poème d'origine italienne, sans forme fixe, fondé sur le trait d'esprit et sur la brièveté.

Métaphore (*nom fém.*)
Figure de style qui consiste à identifier une réalité à une autre. Par exemple, dans « Le Corbeau et le Renard » : « Vous êtes le phénix des hôtes de ces bois », où le corbeau est assimilé au phénix.

Mètre (*nom masc.*)
Vers définis par leur nombre de syllabes.

Mondain (*nom masc.*)
Terme qui désigne les personnes qui se retrouvaient dans les salons et qui développèrent le goût d'une poésie nettement inspirée des usages des conversations qui y avaient cours : le badinage,

la gaieté, la variété, la galan-
terie.

Moraliste (*nom masc. et adj.*)
Auteur de réflexions sur les
mœurs et sur la condition
humaine.

Narrateur (*nom masc.*)
Personne qui raconte et que
le texte désigne comme celui
qui raconte.

Ode (*nom fém.*)
Poème divisé en strophes qui
peut être d'inspiration héroïque ou d'inspiration lyrique
et plus légère.

Pédant (*nom masc. et adj.*)
Personne qui fait étalage de
son savoir.

Physiognomonie (*nom fém.*)
Science qui étudie et déter-
mine le caractère d'une personne d'après son aspect
physique.

Quatrain (*nom masc.*)
Poème ou strophe de quatre
vers.

Rime
Retour d'une même sonorité
en fin de vers.

Rondeau (*nom masc.*)
Poème d'origine médiévale ;
le premier hémistiche du premier vers est répété à la fin
de chacune de ses trois
strophes.

Satire (*nom fém.*)
Poème dans lequel l'auteur
critique et ridiculise les vices
de ses contemporains ; le ton
d'un poème ou simplement
de quelques vers peut être
satirique.

Sonnet (*nom masc.*)
Poème composé de 14 vers
disposés en deux quatrains et
deux tercets.

Stance (*nom fém.*)
Poème composé d'un nombre
variable de strophes.

Syllepse (*nom fém.*)
Figure de style qui consiste à
employer un terme qui renvoie à deux significations
différentes (propre et figu-
rée).

Traité de civilité
Ouvrage en vogue à la
Renaissance et au XVIIe siècle
dans lequel l'auteur donne
des préceptes et des règles de
vie en société ; il traite de la
manière de se comporter en
société, de la connaissance
des langues étrangères, de
l'art de la conversation, du

choix des plaisanteries, ou de l'appréciation des beaux-arts.

Triolet (*nom masc.*)
Poème de huit vers d'origine médiévale ; les deux premiers vers sont répétés à la fin du poème tandis que le premier est répété en quatrième position.

Bibliographie

Œuvres complètes

• La Fontaine, *Fables, Contes et Nouvelles*, éd. J.-P. Collinet, Paris, Gallimard, coll. « Bibliothèque de la Pléiade », 1991.

• La Fontaine, *Œuvres diverses*, éd. P. Clarac, Paris, Gallimard, coll. « Bibliothèque de la Pléiade », 1958.

Éditions séparées des *Fables*

• J.-P. Collinet, *Fables*, Paris, Gallimard, coll. « Folio », 1991.

• M. Fumaroli, *Fables*, Paris, Le Livre de Poche, coll. « La Pochothèque », 1995.

Édition partielle

• J.-P. Chauveau, *Fables choisies*, Paris, Gallimard, coll. « Folio classique », 1999.

Ouvrages sur l'œuvre de La Fontaine

• J.-P. Collinet, *Le Monde littéraire de La Fontaine*, Genève-Paris, Slatkine reprints, 1989.

• P. Dandrey, *La Fontaine ou Les Métamorphoses d'Orphée*, Paris, Gallimard, coll. « Découvertes », 1995.

Ouvrages sur les *Fables*

• D. Blocker, Premières Leçons sur *Les Fables de La Fontaine*, Paris, PUF, coll. « Major Bac », 1996.

• P. Dandrey, *La Fabrique des Fables. Essai sur la poétique des Fables*, Paris, Klincksieck, 1992 ; repris aux PUF, coll. « Quadrige », 1997.

• F. Népote-Desmarres, *La Fontaine, Fables*, Paris, PUF, coll. « Études littéraires », 1999.

Discographie

• *Fables*, par E. Green, éd. Sonpact.

• *Fables*, par J. Fabbri, F. Périer et P. Bertin, Adès.

• *Jean de La Fontaine, un portrait musical*, par Ch. Asse, Virgin Classics, coll. « Veritas ».

• CD-ROM : *La Fontaine pour mémoire*, coédition Les temps qui courent/ Musée Jean de La Fontaine.

• CD-ROM : *La Fontaine, les Fables*, éd. Ilias.

• CD-ROM : *Les Fables de La Fontaine, Miroir de la nature humaine*, éd. Warner, coll. « Immedia ».

Choix de sites Internet consacrés à La Fontaine et aux *Fables*

• « À la découverte de La Fontaine » :
  www.lafontaine.net

• « Jean de La Fontaine. Les *Fables* » :
  www.multimania.com/fourmi

• « Musée Jean-de-La-Fontaine » :
  www.la-fontaine-ch-thierry.net

• « Toutes les fables » : www.w3teaser.fr

• « Les *Fables* de La Fontaine » : www.diplomatie.
  fr/culture/France/biblio/folio/lafontaine/index.fr

CRÉDITS PHOTO : p. 9 Coll.Archives Larbor • p. 14 Ph.© Bulloz/T • p. 33 Coll.Archives Larbor • p. 40 et reprise page 10 : Ph.© Bulloz • p. 54 Coll.Archives Larbor • p. 59 Ph.© J.L.Charmet/Coll.Archives Larbor • p. 65 Coll.Archives Larbor • p. 67 Coll.Archives Larbor • p. 79 Coll.Archives Larbor • p. 92 Coll.Archives Larbor • p. 94 Ph.© Bulloz • p. 102 Coll.Archives Larbor • p. 106 Ph.© Bulloz/T • p. 111 Coll.Archives Larbor • p. 124 Ph.© Roger Viollet/Coll.Viollet/T • p. 131 Coll.Archives Larbor • p. 135 Coll.Archives Larbor • p. 152 Ph.© Roger Viollet/Coll.Viollet/T • p. 159 Coll.Archives Larbor • p. 170 Coll.Archives Larbor • p. 186 Ph.© Hachette/T • p. 190 Ph.© Roger Viollet/Coll.Viollet/T • p. 194 Ph.© Roger Viollet/Coll.Viollet/T • p. 213 Coll.Archives Larbor • p. 215 Coll.Archives Larbor/T • p. 220 Ph.© S.Guiley-Lagache • p. 227 Coll. Archives Larbor • p. 234 Coll.Archives Larbor • p. 244 Coll.Archives Larbor • p. 250 Ph.© J.L.Charmet/T • p. 268 Coll.Archives Larbor • p. 277 Coll.Archives Larbor.

Direction de la collection : Yves GARNIER – Line KAROUBI.
Direction artistique : Emmanuel BRAINE-BONNAIRE.
Dessin de couverture : Alain BOYER.
Responsable de fabrication : Marlène DELBEKEN.
Édition et révision des textes : Lucy MARTINET.

Compogravure : P.P.C. – Impression : Liberdúplex (Espagne) - 301980
Dépôt légal 1ʳᵉ édition : septembre 2000 - N° de projet : 11006898 - Avril 2008